Los **dos árboles** en el huerto

El conflicto entre el bien y el mal

RICK JOYNER

Editorial DESAFÍO

Los dos árboles en el huerto por Rick Joyner

©2021 Todos los derechos de esta edición en español, reservados por Asociación Editorial Buena Semilla bajo su sello Editorial Desafío.

Publicado originalmente en inglés bajo el título 'There were Two Trees in The Garden
por Rick Joyner. Copyright © 2018 Rick Joyner

A menos que se indique lo contrario, todo el texto bíblico es tomado de la Santa Biblia, versión Nueva Biblia de las Américas™ NBLA™ Copyright © 2005 por The Lockman Foundation. Las cursivas en el texto bíblico se emplean solamente para hacer énfasis.

Traducción: Carlos Mauricio Páez García
Corrección de estilo: Francisco Rengifo Gómez

Publicado y Distribuido por Editorial Desafío
Cra. 28A No. 64A-34, Bogotá, Colombia
Tel.: (571) 630 0100
Email: contacto@editorialdesafio.com
www.editorialdesafio.com

Categoría: Vida cristiana, Crecimiento espiritual
ISBN: 978-958-737-225-0
Impreso en Colombia
Printed in Colombia

CONTENIDO

CAPÍTULO 1

LOS DOS ÁRBOLES

Hubo dos árboles en el huerto del Edén que presentaban un desafío extensivo a toda la raza humana: el árbol del conocimiento del bien y del mal y el árbol de la vida. Estos mismos «árboles» aún muestran, en sentido metafórico, el punto decisivo que determinará el rumbo de nuestra vida. El reto no termina cuando llegamos a ser cristianos; es probable que se eleve y que muchas veces tengamos que elegir entre los frutos de estos árboles. En medio de ellos encontramos el foco principal de la dicotomía entre el reino de Dios y el dominio del maligno. La comprensión de esta diferencia puede ser la claridad más importante que consigamos alcanzar.

Refiriéndose a las dos mujeres que dieron a luz a los hijos de Abraham, Pablo explicó que Sara y Agar constituían alegorías o representaciones simbólicas de verdades bíblicas acerca de los pactos de la ley y de la gracia (véase Gálatas 4:21-26). De la misma manera, el árbol del conocimiento y el árbol de la vida también representan profundas verdades bíblicas, que resultan cruciales para que comprendamos si vamos a recorrer el camino de la vida y evitar las ataduras de la muerte.

De cierta manera simbolizan dos linajes espirituales o «árboles genealógicos». Desde el Génesis hasta el Apocalipsis, la Biblia mantiene nuestra atención en la historia de estos dos linajes. La comprensión de ambos puede ayudarnos a identificar los errores más comunes que enredan a toda la raza humana en el pecado que lleva a la muerte, incluidos los que han constituido repetidamente una piedra de tropiezo para la iglesia. Tener una idea clara de estos linajes también nos permite reconocer y permanecer en el único camino hacia la verdadera libertad y la vida eterna.

En primer lugar, debemos entender que Satanás no tentó a Eva con el fruto del árbol del conocimiento solo porque el Señor le hubiese prohibido comerlo. La tentó con este, porque la fuente de su poder se enraizaba en ese árbol. Además, el Señor no fijó esta instrucción solo para probar a Adán y Eva; lo hizo porque sabía que el fruto de tal árbol era venenoso. Cuando le ordenó a Adán que no comiera del árbol del conocimiento, no dijo «te voy a matar, si te alimentas de ese árbol», sino: **«el día que de él comas, ciertamente morirás» (véase Génesis 2:17).** La muerte no entró al mundo solo por la desobediencia del hombre, sino también por el fruto de ese árbol.

¿Qué fruto podría ser tan mortal? Metafóricamente, el árbol del conocimiento del bien y del mal representaba a la Ley, que incluye la entregada por Dios a través de Moisés, abarcando también lo que denominamos, «legalismo». Dicho concepto alude a la observancia de las leyes impuestas humanamente que se implementan para tratar de hacer justos a los hombres. ¿Por qué Dios dio la Ley si su fruto era venenoso? Se debe a la misma razón por la que puso el árbol del conocimiento en el huerto. Como veremos, esto en realidad ocurrió para liberar al hombre, con el fin de que pudiera tener una relación especial con Dios.

Sin embargo, esta relación no vendría por comer del árbol, como tampoco puede llegar a través de la ley. El árbol del conocimiento tuvo que ser puesto en el huerto porque no podía haber libertad para obedecer a menos que existiera libertad para desobedecer. No podía ofrecerse verdadera adoración a menos que se contase con la libertad de no adorar. Vamos a examinar el asunto más adelante, con mayor profundidad, pero esta es la razón por la que el apóstol Pablo declaró: **«…el poder del pecado es la ley» (véase 1 Corintios 15:56).** Lo afirma porque es a través de la ley que obtenemos nuestro conocimiento del bien y del mal.

Podemos preguntarnos cómo este conocimiento trae la muerte, hasta que vemos el fruto. El conocimiento del bien y del mal nos mata al distraernos de Aquel que es la fuente de la vida: Jesús, el Árbol de la Vida. El árbol del conocimiento hace que enfoquemos nuestra atención en nosotros mismos. La ley reviste de poder al pecado, no solo porque estimula el mal en nosotros, sino porque su remedio para resistirlo es una supuesta forma de bien (la justicia propia), en lugar de la justicia otorgada por Dios a través de su Hijo, el Árbol de la Vida. Este conocimiento que se obtiene de la ley nos conducirá a la corrupción o a la justicia propia, ambas cosas, por igual, en dirección a la muerte.

Es significativo que el árbol del conocimiento se encontrara en medio del huerto (véase Génesis 3:3). El egocentrismo es el principal mal que nos aflige. La primera respuesta de Adán y Eva, después de comer de su fruto, fue la autojustificación o introspección egocéntrica. Antes de probarlo, ni siquiera habían notado su propia desnudez; su atención estaba puesta en el Señor y en los propósitos para los que Él los creó.

Después de comer, tuvieron que ser medidos según el bien y el mal que ahora entendían. No hay manera más fácil de alejarnos del Árbol de la Vida que enfocar nuestra atención sobre nosotros mismos. Esto es lo que logra la ley. Debido a ello, Pablo la llamó **«el ministerio de muerte»** y **«ministerio de condenación» (véase 2 Corintios 3:7, 9).**

Una vez más, cuando explicamos el árbol del conocimiento como la Ley no hacemos referencia solo a la ley de Moisés. Solemos pensar en el Antiguo Testamento como si fuera la Ley, y en el Nuevo Testamento identificándolo con la gracia, pero esto no necesariamente es cierto. El Antiguo Pacto es la letra; el Nuevo Pacto es el Espíritu. Si leemos el Nuevo Testamento con un corazón del Antiguo Pacto no será para nosotros más que ley. Seguiremos teniendo una religión muerta si nuestra justicia se basa en la conformidad con los mandamientos escritos, en lugar de disfrutar una relación viva con Dios.

El Señor dijo que iba a enviar Su Espíritu para guiarnos a toda la verdad. Toda la verdad está en Jesús. El Espíritu fue enviado para dar testimonio del Hijo, a fin de señalarnos el Árbol cuyo fruto da vida, no muerte (véase Juan 16:13). La Biblia es el regalo más precioso y maravilloso del Señor para su pueblo, pero su propósito no era tomar el lugar del Señor mismo, o el del Espíritu a quien Él envió. La Biblia es un medio, no un fin. Nuestro objetivo primordial no es conocer el Libro del Señor, sino más bien conocer al Señor del Libro. Aunque la Biblia sea un regalo maravilloso, no *es* Dios. Se convierte en un ídolo si suplanta el lugar del Señor en nuestra vida.

Muchos caen en la idolatría de adorar las cosas de Dios en lugar de adorar a Dios mismo. La razón de ello se puede encontrar en la alegoría de estos dos árboles tan importantes que estuvieron en el Huerto. Encontramos en Génesis 2:9 que el Árbol de la Vida también estuvo en medio del huerto. Uno de estos árboles será el centro de nuestra vida y es una elección que cada uno de nosotros debe hacer.

Hay una zanja a cada lado del camino de la vida. A un lado está el legalismo; al otro, la anarquía. Ambas conducen a la muerte. Si tendemos a ser reaccionarios, lo usual es que intentemos evitar a como dé lugar una de estas zanjas, de modo que acabamos en la que se halla del lado opuesto. La respuesta de Dios al caos no es el legalismo, sino la cruz. Si buscamos ser justificados por las obras de la ley, le damos la espalda a la cruz, que es la provisión de Dios. Apartarnos del legalismo sin ir a la cruz nos sume en la anarquía, uno de los mayores males que sobrevendrá al mundo en los últimos días.

Tengamos siempre presente que muchos errores y divisiones dentro del cuerpo de Cristo no se deben a fallas en la Biblia, sino al uso inadecuado que hacemos de ella. ¡Algunas de las leyes y principios extraídos del Nuevo Testamento desafían todo lo que hicieron los fariseos en el Antiguo! Esto ha causado que tratemos de medir nuestra espiritualidad según lo bien que nos ajustemos a la letra. La verdadera espiritualidad no se encuentra en la adaptación a una forma, sino en aceptar la formación de Jesús en nuestro interior.

Todos debemos elegir entre tener parte con la ley o con Cristo; no podemos hacer ambas cosas. Esta verdad fundamental se expone con amplitud en la carta a los Gálatas y en muchos otros textos del Nuevo Testamento. Aun así, parece que con frecuencia pasamos por alto aplicar dicha verdad a nuestra vida, lo cual es causa reiterada de muchos conflictos devastadores entre creyentes, iglesias, denominaciones y movimientos.

La letra mata

Fue por una buena razón que el Señor nos dio instrucciones de juzgar a los hombres por su fruto. Se puede enseñar a un loro a decir y hacer las cosas correctas. Satanás, del mismo modo, se presenta a menudo como **«ángel de luz» (véase 2 Corintios 11:14),** citando las Escrituras tal como lo hizo al tentar a Jesucristo. Su trabajo recurrente se ajustará de manera impresionante a la letra, pero solo Jesús puede producir el fruto que es VIDA. **«...La letra mata, pero el Espíritu vivifica» (véase 2 Corintios 3:6).** La serpiente todavía habla justo desde el árbol del conocimiento, obligándonos a comer su fruto. Debemos aprender a reconocer esta voz y rechazarla, sin importar lo apetecible que se vea el fruto del árbol.

Una de las principales maquinaciones del diablo es convertir la Biblia en el árbol del conocimiento, en lugar del Árbol de la Vida. Busca transformarla en ley para nosotros, suplantando la revelación de Cristo, el Único en quien se encuentra la vida. Si leemos las Escrituras mediante el Espíritu, estas darán testimonio de Jesús y cobrarán vida. **«Ustedes examinan las Escrituras porque piensan que en ellas tienen la vida eterna.** *¡Y son ellas las que dan testimonio de Mí!* **» (Juan 5:39).**

El Espíritu fue enviado para llevarnos a Él en las Escrituras y en todos los aspectos de nuestra vida. Leer las Escrituras sin el Espíritu trae solo el conocimiento del bien y del mal o una forma de legalismo, lo cual acarrea la muerte a través de la justicia propia.

La cruz da vida y nos mantiene en el camino de la vida, porque fue Su sacrificio, no el nuestro, el que nos justificó. No obstante, el diablo también tratará de hacernos tropezar en nuestra devoción a la cruz, induciéndonos a basar nuestra justicia en cómo hemos tomado nuestras cruces y no en la expiación hecha por el Hijo de Dios. Esto puede sonar algo complicado, pero en realidad, identificar tales tentaciones es fácil y simple; la tentación es hacer que enfoquemos la atención en nosotros mismos antes que en Cristo. El fruto del árbol del conocimiento siempre conduce al egocentrismo. Cuando nos enfocamos en Cristo somos cambiados al contemplar su gloria en lugar de la nuestra.

Satanás puede falsificar la forma, pero jamás el fruto del Espíritu, que es Jesús, el Árbol de la Vida. El hombre es capaz de cambiar hasta cierto punto su conducta externa, por diversas razones egocéntricas y engañosas, pero solo el Espíritu puede *cambiar su corazón*. Por lo tanto, el Señor mira los corazones de los hombres y busca en ellos el corazón de Su Hijo. El Señor no solo intenta que hagamos ciertas cosas y abandonemos otras; Él trata de conformarnos a la imagen de Su Hijo, Jesús.

El camino de la luz

Proverbios 4:18 dice: **«Pero la senda de los justos es como la luz de la aurora, que va aumentando en resplandor hasta que es pleno día».** Este es el cristianismo real. Una luz debe comenzar a destellar en nuestro camino cuando llegamos al Señor, la cual ha de volverse más brillante y clara, hasta que caminemos en la plenitud de la luz. Sin embargo, no es este el testimonio de muchos cristianos, en cuyas vidas parecen crecer más la confusión y las tinieblas que la luz. ¿Por qué ocurre esto?

Aquí tenemos la principal forma de saber que de alguna manera nos hemos desviado del camino correcto; *en el Señor, la senda equivocada nunca se transformará en la correcta.* Si nos apartamos, la única forma de volver al camino de la luz, es retornar al lugar donde nos extraviamos. Eso se llama «arrepentimiento».

El primer acto de creación del Señor fue hacer la luz. Lo siguiente, separar la luz de las tinieblas. No hay forma de que ambas coexistan. Cuando una persona es RE-CREA-

DA y nacida de nuevo, el Señor de inmediato comienza a separar la luz de las tinieblas en su vida. De manera casi inevitable, a menudo en nuestro celo por Él, intentamos hacernos cargo de esta labor y desempeñarla de la única manera que hemos aprendido: a través del conocimiento del bien y del mal.

Esta lucha entre la ley y la gracia y entre la carne y el Espíritu es la fuente de la discordia interior que aflige a la mayoría de los cristianos. También es el punto de conflicto más grande entre la verdad que libera a los hombres y las mentiras del enemigo destinadas a oprimirlos, produciendo muerte en lugar de vida.

El Señor estableció una ley física y espiritual de importancia decisiva el tercer día de la creación. Él ordenó que los árboles solo dieran fruto con su semilla según su especie (véase Génesis1:11-12). El fruto de estos dos árboles debe ser por siempre independiente e inconfundible, como también el Señor Jesús testificó: **«Porque no hay árbol bueno que produzca fruto malo, ni a la inversa, árbol malo que produzca fruto bueno. Pues cada árbol por su fruto se conoce…» (Lucas 6:43-44).** Pablo más adelante aseveró: **«Todo lo que el hombre siembre, esto también segará» (véase Gálatas 6:7).**

No podemos producir fruto que sea vida, mientras participemos del árbol del conocimiento. Asimismo, si participamos del Árbol de la Vida no produciremos el fruto del árbol del conocimiento: la muerte. Un árbol solo puede producir frutos según su especie.

Los árboles son a veces un símbolo de los linajes familiares, que es de donde surge el término «árbol genealógico». De igual forma estos dos árboles en el huerto fueron, en cierto sentido, una profecía de los dos linajes que surgirían en toda la humanidad. La simiente de Cristo tuvo que ser puesta en el hombre, para que Él naciera en el hombre. Asimismo, la simiente del «hombre de pecado» tuvo que ser puesta en el ser humano para manifestarlo en él. El fruto de una semilla no se puede cosechar a menos que se siembre primero.

Adán y Eva quedaron condenados a perpetuar el fruto del árbol del conocimiento cuando comieron de ese árbol y, por consiguiente, la muerte se propagó entre todos sus descendientes. Pero Dios, en su gracia y misericordia, determinó que Él mismo redimiría el error de ellos. Puso por lo tanto en el hombre la simiente que volvería a producir el Árbol de la Vida: Jesús.

Por medio de Él, la vida verdadera será restaurada en el hombre. La Suya, es una simiente espiritual, sembrada por el Espíritu Santo. Ninguna carne podría engendrarle, pero toda carne podría recibirle. El Señor prometió a la mujer transgresora que la simiente que saldría de ella aplastaría la cabeza de la serpiente que la engañó (véase Génesis 3:15). Podemos discernir en los dos primeros hijos nacidos de la mujer las semillas de cada árbol, manifestándose y comenzando a crecer.

CAPÍTULO 2

La simiente de Caín

Después de la transgresión de Adán y Eva, el Señor profetizó la propagación de las dos simientes: los que abrazarían la naturaleza de la serpiente y los pertenecientes al linaje que traería a Cristo. Caín y Abel reflejaron claramente estas dos simientes, así como la enemistad predicha entre ellas. La comprensión de esta lucha puede ayudarnos a tener una idea clara del conflicto básico entre el reino de Dios y el dominio del maligno.

Caín es un tipo de la naturaleza caída del hombre. Esta naturaleza está en todos nosotros, ya que todos somos descendientes del hombre caído. Caín fue el primogénito y tiene el patrón del primer hombre, Adán. Era *de la tierra*, fue **«labrador de la tierra» (véase Génesis 4:2).** Esto refleja un rasgo fundamental de aquellos a los que nos referiremos como *de la simiente de Caín*: tienen una «mentalidad terrenal». Esto incluye a todos los que no han nacido de nuevo por el Espíritu.

El Señor Jesús testificó: **«El que no nace de nuevo no puede ver el reino de Dios» (véase Juan 3:3).** Solo veremos lo terrenal, hasta que nazcamos de nuevo por el Espíritu. Mientras tanto, nuestra visión todavía girará en torno a nuestro propio egocentrismo y a una perspectiva terrenal y carnal, incluso siendo conscientes de la existencia de un ámbito y poder espirituales.

La simiente de la serpiente está confinada al ámbito natural, del mismo modo que la maldición impuesta sobre ella de arrastrarse sobre su vientre la obliga a adaptarse al contorno de la tierra. **«Pero el hombre natural no acepta las cosas del Espíritu de Dios, porque para él son necedad; y no las puede entender, porque son cosas que se disciernen espiritualmente» (1 Corintios 2:14).**

Esta es nuestra condición hasta que la maldición es quitada a través de Cristo. Cuando nacemos de nuevo por su Espíritu, comenzamos a ver y a caminar en los lugares celestiales, y nuestra sujeción a los contornos del ámbito natural es cada vez menor. Jesús ya no está confinado a esta esfera terrena, y si permanecemos en Él, estaremos con Él donde Él está, por encima de todo gobierno, autoridad y dominio de esta tierra. Pablo explicó en Efesios 2:4-7:

> *Pero Dios, que es rico en misericordia, por causa del gran amor con que nos amó, aun cuando estábamos muertos en nuestros delitos, nos dio vida juntamente con Cristo (por gracia ustedes han sido salvados), y con Él nos resucitó y con Él nos sentó en los lugares celestiales en Cristo Jesús, a fin de poder mostrar en los siglos venideros las sobreabundantes riquezas de Su gracia por Su bondad para con nosotros en Cristo Jesús.*

Hemos sido llamados a sentarnos con Él en lo alto y a ver todo desde esa posición. Este es el fruto maduro del nuevo nacimiento. Sin embargo, así como nacer es apenas el comienzo de la vida (no el final), el proceso de crecimiento hacia nuestra nueva naturaleza solo inicia cuando nacemos de nuevo. Tenemos que renovar nuestra mente o pensar de una manera radicalmente distinta a como lo hacíamos antes. Esto es algo tan diferente que, para parafrasear la forma en que lo dijo el apóstol Pablo, deberíamos sentirnos más en casa en el ámbito espiritual que en el natural (véase 2 Corintios 5:6).

Cuando nacemos de nuevo, comenzamos nuestra vida como parte de la nueva creación, que trasciende en gran manera a la anterior. Antes de la Caída, el hombre de la primera creación podía caminar y tener comunión con Dios, pero esto se queda muy corto para lo que hemos recibido como *nueva creación*. Ahora no solo caminamos con Dios y tenemos comunión con Él, ¡Él vino a vivir en nosotros! En realidad, como *nueva creación* nos hemos convertido en los templos del Espíritu Santo.

Por más asombroso que haya sido para María experimentar la simiente del Espíritu Santo creciendo dentro de ella, como creyentes nacidos de nuevo, no deberíamos sentir menos asombro al contemplar a Cristo mismo morando en nuestro corazón por el Espíritu Santo. Seamos realistas, si al despertar esta mañana hubiéramos visto a Jesús manifestado físicamente, de pie junto a nuestra cama, ¿no cree que nuestro día habría sido algo distinto? Supongamos ahora que Él hubiera continuado con nosotros toda la jornada, como nuestro compañero; ¿no habría hecho esto alguna diferencia?

Si no es así, todavía no andamos como deberíamos, en la verdad de nuestra unión continua con Cristo. Porque tendremos comunión permanente con Cristo las veinticuatro horas, todos los días, si abrazamos la realidad espiritual de que Cristo no solo está con nosotros, sino *en* nosotros. Nuestra búsqueda no consiste solo en saber quiénes somos en Cristo; sino en entender quién es Él en nosotros. Caminar en esta realidad es lo que significa andar en la verdad.

Los descendientes de Caín, con su visión limitada, se convirtieron en adoradores de la criatura y de la creación, en lugar de adorar al Creador (véase Romanos 1:25). Caín es un **«labrador de la tierra» (véase Génesis 4:2),** lo que habla de una mentalidad terrenal, porque eso es todo lo que puede ver. Adoramos únicamente lo que conocemos. Las etapas culminantes del culto a uno mismo dan lugar al materialismo y varios dogmas humanistas que sitúan al hombre como el centro del universo. El hombre «religioso», cuya devoción es a la iglesia o a las organizaciones religiosas, en lugar de al mismo Jesús, es un «adorador de criaturas». Esta actitud también se encuentra entre los espiritualistas que procuran el desarrollo personal, la realización y la armonía con la creación, en lugar de buscar la armonía con el Creador.

En la conclusión de la Palabra escrita de Dios para la humanidad (el libro del Apocalipsis), vemos la consumación de las dos simientes, que fueron puestas en el hombre. Estos son la bestia y el Cristo glorificado. Vislumbramos en el Apocalipsis el estado máximo de maduración de estas dos simientes al finalizar esta era, si bien es posible comprobar su desarrollo a lo largo de las Escrituras. Resulta de suma importancia entender el desarrollo y la revelación final de estas dos simientes, si hemos de desempeñar un papel relevante en la batalla épica entre ellas.

El Apocalipsis no le fue dado a Juan solo para desplegar una secuencia de los acontecimientos venideros. El propósito principal de toda la visión dada a Juan era ser **«la Revelación de Jesucristo» (véase Apocalipsis 1:1).** Debemos comprenderlo para entender correctamente la visión. Toda la secuencia de eventos que se desarrollan allí, fue dada con el propósito de revelar a Cristo. Esto resulta fundamental, no solo para entender la visión de Juan sino la totalidad de la revelación de Dios al hombre. Jesús es la Revelación, tal como Pablo lo dejó ver claramente a los efesios:

> *Nos dio a conocer el misterio de Su voluntad, según la buena intención que se propuso en Cristo, con miras a una buena administración en el cumplimiento de los tiempos, es decir, de reunir todas las cosas en Cristo, tanto las que están en los cielos, como las que están en la tierra (Efesios 1:9-10).*

El propósito culminante de Dios es reunir todas las cosas en su Hijo. Tal como dijo alguna vez mi amigo Mike Bickle: «Si no mantenemos nuestra atención enfocada en el propósito supremo de Dios, estaremos continuamente distraídos con los propósitos menos importantes de Dios». La clave para entender lo que Dios hace en la tierra y en nuestra vida individual, es asimilar que todo tiene el propósito de unirnos, y a la creación entera, con su Hijo.

Nuestro objetivo, más que ver el libro del Apocalipsis solo como historia o el anuncio de acontecimientos futuros, es discernirlo a la luz del propósito de Dios, manifiesto y en pleno desarrollo, de revelar a su Hijo. El apóstol testificó que estas eran **«cosas que deben suceder pronto» (véase Apocalipsis 1:1).** Los acontecimientos comenzaron a ocurrir de inmediato y continúan llevándose a cabo, lo cual corrobora perfectamente esta profecía. La historia es realmente «*Su* historia». Cuando el Espíritu abre nuestros ojos lo vemos a Él, y sus propósitos, incluso en lo que puede parecer la terrible confusión de la historia del hombre.

El hombre de pecado

En la visión de Juan se habla mucho del anticristo o el «hombre de pecado». Este individuo es la personificación del pecado del hombre. Se trata de una manifestación de nuestra naturaleza básica hasta que seamos transformados en Cristo. Es el fruto maduro del árbol del conocimiento.

La raíz y el poder del hombre de pecado es la serpiente; la bestia tuvo que ser completamente revelada en forma humana, porque todo lo que se siembra también se cosecha. En esta bestia podemos ver lo que somos sin Cristo. A través de dicha revelación de la gran oscuridad y del pecado que forman parte de nuestra naturaleza caída, comenzamos a percibir también la dimensión de la insondable gracia y misericordia de Dios, y nuestra profunda necesidad de volver a nacer por completo en Cristo.

Apocalipsis 13:16-17 enseña que la bestia tiene una marca que intenta poner sobre nosotros. Vemos en el capítulo 14, versículos 9-10, que un terrible furor de parte de Dios vendrá sobre todos los que reciben la marca. Muchas personas procuran descifrar la manera en que esta bestia intentará colocarles esta señal, para saber a qué rehusarse y escapar así de la ira anunciada. Sin embargo, aquellos que intentan evitar la marca de la bestia de forma rigurosa y frenética, ¡en realidad toman parte todos los días del espíritu de la bestia!

¿Resultaremos libres de la maldición de la marca por oponernos a recibir una señal física mientras somos de la misma naturaleza de la bestia? La marca de la bestia es probablemente mucho más sutil de lo que nos han hecho creer, del mismo modo que el sello (literalmente, una «marca») que el Señor coloca sobre sus siervos no es físico ni visible para nuestros ojos naturales. Aquellos que tomen parte en la naturaleza de la bestia, el espíritu del mundo, no podrán resistir la marca ni cosa alguna que la bestia ofrezca, independientemente de la *forma* en que venga o haya venido la marca. Nuestra única liberación del furor de Dios se encuentra en Cristo. Recibir una marca no es el verdadero pecado. El pecado reside en adorar a la bestia. La marca es simplemente la evidencia de tal adoración.

Juan lo explica con más detalle: **«Aquí hay sabiduría. El que tiene entendimiento, que calcule el número de la bestia, porque el número es el de un hombre, y su número es 666» (Apocalipsis 13:18).** El número 666 no es utilizado en forma arbitraria. Dado que el hombre fue creado en el sexto día, el *seis* se usa con frecuencia en las Escrituras, simbólicamente, como número del hombre. Este número es una identificación más amplia del espíritu de la bestia, que es el espíritu del hombre caído.

Vemos en el versículo 11 que esta bestia **«subía de la tierra».** Se trata de la culminación de la simiente de Caín, el que fue **«labrador de la tierra» (véase Génesis 4:2)** o de mentalidad terrenal. La bestia es la encarnación de la religión que se origina en la mente del hombre. Asciende de la tierra en contraste con Cristo, que desciende del cielo. Jesús solo puede ser engendrado por el Espíritu de Dios. La Nueva Jerusalén, figura de la verdadera iglesia, la esposa de Cristo, también desciende del cielo, dando testimonio de su origen celestial. Nace de Dios, no del hombre.

Si confiamos en nuestro conocimiento del bien y del mal para discernir a la bestia seremos fácilmente engañados. La naturaleza de la bestia tiene sus raíces tanto en el bien como en el mal que hay en el hombre. Satanás viene como un **«ángel de luz» (véase 2 Corintios 11:14),** o mensajero de la verdad, porque el bien siempre ha sido más engañoso que el mal. No fue la naturaleza maligna del árbol del conocimiento lo que engañó a Eva; fue la buena. Lo bueno del árbol del conocimiento mata, tan ciertamente como lo malo.

La naturaleza maligna del hombre se manifiesta en estos últimos días con creciente intensidad, pero de idéntica forma el bien del hombre que tiene sus raíces en el mismo árbol. Así como el mal se vuelve más evidente, el bien se torna más sutil y engañoso. Por ejemplo, ¿cuál sería la popularidad de un líder hoy en día si prometiera seguridad en las calles, una economía saludable, el fin de la drogadicción y la pornografía, el restablecimiento de la dignidad nacional y el poderío militar, cumpliendo todas estas promesas?

Adolf Hitler le prometió todas estas cosas a una Alemania paralizada por la depresión y la guerra. El país desfallecía por el hambre y se encontraba al borde de la anarquía, con una moneda sin ningún valor. ¡Hitler no solo equilibró el presupuesto en solo cuatro años, sino que además pagó la deuda nacional! Lo hizo cuando tal deuda representaba un porcentaje más alto que su producto interno bruto, mayor que el de Estados Unidos en la actualidad. Tomó una de las naciones de la tierra más débiles económica y militarmente en ese momento y la convirtió en una de las más poderosas, en ambas materias. En solo cuatro años, llevó un país convulsionado con más del cincuenta por ciento de desempleo a tener un porcentaje de ocupación laboral del cien por ciento.

Hitler no solo mejoró dramáticamente la economía y las fuerzas armadas ale-**man**as, sino que también eliminó la corrupción, la pornografía y la depravación de las calles, e inculcó tal determinación y visión en la nación, que incluso algunos líderes de la iglesia comenzaron a preguntarse si era el comienzo del Milenio. Nunca la historia había registrado una transformación tan sobrecogedora de un país, y era improbable que volviera a suceder. Fue tan notable que hasta Winston Churchill dijo que Hitler hubiera sido considerado el líder más grande de la historia mundial, de haber muerto en 1939.

Frente a tales «milagros», uno puede comprender el engaño de las masas y la adulación a este hombre. Sin embargo, pocos líderes de la iglesia han estado dispuestos a reconocer el trágico engaño que también se apoderó de la mayoría de la iglesia en Alemania. Milton Mayer, en su libro *They thought they were free* observó lo siguiente: «El fascismo llegó como un ángel de luz y los cristianos alemanes, tanto protestantes como católicos, dieron la bienvenida a Hitler como un obsequio de Dios. El nazismo fue visto como el redentor de una sociedad decadente, y llegó bajo su manto de purismo, ofreciendo reivindicarla, con perversiones y excusas que desfilaban bajo la apariencia de libertad».

Hitler usó la iglesia en Alemania como un trampolín hacia el poder. El decano de la catedral de Magdeburgo se regocijó por las banderas nazis desplegadas en su iglesia, declarando lo siguiente: «Quienquiera que insultare este símbolo nuestro, insulta a nuestra Alemania. Las banderas con la esvástica alrededor del altar irradian esperanza, la esperanza de que por fin está a punto de amanecer». El pastor Siegfried Leffler manifestó, además: «Durante la noche oscura de la iglesia, Hitler se convirtió, por así decirlo, en la maravillosa claridad de nuestro tiempo, la ventana de nuestra era, a través de la cual la luz cayó sobre la historia del cristianismo. Por medio de él, pudimos ver al Salvador en la historia de los alemanes». El pastor Julius Leutheuser llegó a enseñar: «Cristo vino a nosotros a través de Adolf Hitler».

No toda la iglesia alemana fue arrastrada al mismo nivel por esta mentira, pero sí gran parte de ella. El engaño de profundidad abismal fue desafiado por la extraordinaria postura a favor de la verdad hecha por algunos cristianos alemanes como Dietrich Bonhoeffer. La vida de Bonhoeffer es uno de los mejores ejemplos del siglo XX de cómo unos pocos que se aferran a la verdad sin transigir, oponiéndose a las maquinarias políticas y militares más poderosas, prevalecen al final, sin otra cosa que el poder espiritual. Lo que se dijo del justo Abel ahora se puede afirmar de

Bonhoeffer: «Aunque muerto, todavía habla». Su vida continúa desafiando a los verdaderos creyentes a levantarse y oponerse con valentía a las tinieblas de su tiempo.

Ahora parece claro que la comprensión superficial de la redención que tenía la iglesia alemana abrió la puerta a este terrible engaño. El bien que hay en el hombre nunca lo redimirá del mal que hay en él. Sigue proviniendo del mismo árbol y su veneno siempre acarreará la muerte. El sistema, que tanto sedujo a los cristianos alemanes, conmocionó al mundo civilizado con sus malas acciones, y es que su naturaleza, en realidad, no había cambiado. El bien en el hombre es solo la otra cara del mal en el hombre. Satanás puede usar el bien o el mal como herramienta para lograr sus propósitos.

Solo hubo un puñado de cristianos alemanes que discernieron el engaño desde el principio. La misma máscara satánica se promulga hoy en día. Nuestro discernimiento debe lograr más que distinguir el bien del mal; debemos reconocer la voz del Señor y seguirle.

Milton Mayer agregó una nueva y significativa percepción sobre los acontecimientos en Alemania que precedieron a la guerra: «Sentí y todavía siento que no solo conocí al hombre alemán, sino al HOMBRE. Se encontraba por casualidad en Alemania bajo ciertas condiciones. Podía estar aquí bajo ciertas condiciones. Podía, bajo ciertas condiciones, ser yo mismo». La verdad es que la misma bestia está dentro de todos nosotros. Se trata de la naturaleza adánica que continuamente nos induce a comer del árbol del conocimiento del bien y del mal.

El hecho de que alguien sostenga ser cristiano no prueba que lo sea. Algunos de los peores engañadores de la historia pretendieron venir en nombre de Dios. El Señor mismo advirtió: **«Porque muchos vendrán en Mi nombre,**

diciendo: "Yo soy el Cristo", y engañarán a muchos» **(Mateo 24:5).** Algunos lo han interpretado como si esos «muchos» fueran a venir reclamando ser el Cristo, para engañar a otros tantos, pero eso no es lo que Él dijo. Advirtió que *muchos vendrán declarando que Él, Jesús, es verdaderamente el Cristo y, sin embargo, serán engañadores.*

La historia testifica que esto en efecto sucede y se repite con regularidad en cada generación. Hitler podría verse casi benevolente, si se le compara con algunos líderes déspotas y papas que gobernaron en la Edad Media. Algunas de las atrocidades más abominables jamás cometidas por el hombre fueron realizadas por quienes aseguraron ser la iglesia durante este oscuro período. Olvidamos la historia demasiado rápido y Satanás sigue viniendo como un ángel de luz, engañándonos con los mismos trucos.

Como cristianos estimamos y tendemos con frecuencia a acercarnos más a aquellos que parecen los más conservadores y moralistas. Jesús no lo hizo. Y finalmente fue crucificado por los ciudadanos más «rectos» y «respetables» de Israel, no por aquellos que se creían los peores pecadores. El Señor declaró al pueblo conservador y moralista de su época que los publicanos y las rameras entrarían en el reino de Dios antes que ellos. Aquellos que se consideran «buenos ciudadanos», «gente de moral intachable» o incluso «religiosos» pueden estar más lejos del reino que el peor pervertido. **«...No hay quien haga el bien, ni siquiera uno» (véase Salmos 14:3).**

Los pecadores y los endemoniados se humillaron ante el Señor, pero los religiosos y los ciudadanos honrados le despreciaron, por no ser tan justo como ellos. ¿Quién es el enemigo? Escuché en cierta ocasión el comentario de un pastor recién iluminado: «¡Hemos encontrado al enemigo y resulta que SOMOS NOSOTROS!».

Muchas «buenas» causas que se defienden en el mundo actual, en realidad sirven como distracciones para los cristianos, porque desvían la atención de nuestro verdadero llamado. En la mayoría de los casos, no hay duda de que los asuntos sean justos y correctos; sin embargo, solo se ocupan de los síntomas: dejan la enfermedad intacta. Aunque la homosexualidad sea una perversión flagrante, es solo el síntoma de un problema mucho más profundo. El aborto es uno de los grandes horrores de nuestro tiempo, pero también se trata, únicamente, de un síntoma. Incluso el comunismo y el fascismo en sus formas más crueles y opresivas, no son más que síntomas de la enfermedad que aflige el alma humana.

Durante siglos la iglesia le ha venido ofreciendo curitas al mundo, para una herida profunda y mortal. Lo que el hombre necesita es algo más que cambios de comportamiento. Debemos poner el hacha en la raíz del árbol, en lugar de sacudir las ramas. Debemos nacer de nuevo. La naturaleza básica del hombre debe cambiar.

En cada hombre y mujer existe el potencial para que se revele a Cristo, pero también al hombre de pecado. Por eso hay que predicar el mensaje del arrepentimiento, porque solo este puede preparar el camino para Él. Arrepentirse significa más que albergar sentimientos de remordimiento a causa del pecado o afligirse momentáneamente solo por cumplir, en respuesta al mensaje que se predica; significa apartarse del pecado.

El pecado no es solo un puñado de cosas malas que hemos hecho, sino la naturaleza de lo que somos, sin importar qué tan bueno o malo sea el disfraz. En Cristo, arrepentirse significa renunciar a todo lo que somos, no solo a nuestras transgresiones, también a lo que consideramos nuestra justicia. El apóstol Pablo lo expresó claramente en su carta a la iglesia en Filipos:

Cuídense de esos perros, cuídense de los malos obreros, cuídense de la falsa circuncisión.

Porque nosotros somos la verdadera circuncisión, que adoramos en el Espíritu de Dios y nos gloriamos en Cristo Jesús, no poniendo la confianza en la carne,

aunque yo mismo podría confiar también en la carne. Si algún otro cree tener motivo para confiar en la carne, yo mucho más:

circuncidado a los ocho días de nacer, del linaje de Israel, de la tribu de Benjamín, hebreo de hebreos; en cuanto a la ley, fariseo;

en cuanto al celo, perseguidor de la iglesia; en cuanto a la justicia de la ley, hallado irreprensible.

Pero todo lo que para mí era ganancia, lo he estimado como pérdida por amor de Cristo.

Y aún más, yo estimo como pérdida todas las cosas en vista del incomparable valor de conocer a Cristo Jesús, mi Señor. Por Él lo he perdido todo, y lo considero como basura a fin de ganar a Cristo,

y ser hallado en Él, no teniendo mi propia justicia derivada de la ley, sino la que es por la fe en Cristo, la justicia que procede de Dios sobre la base de la fe (Filipenses 3:2-9).

La justicia de Pablo que se basaba en la ley, lo puso en inminente conflicto con la Verdad. Fue un perseguidor de los verdaderos adoradores, como lo es todo el que trata de vivir según la ley. De la misma forma que Caín no pudo tolerar a Abel, aquellos que buscan asirse a su propia justicia encuentran insoportable la presencia de quienes se mantienen firmes por la fe en Jesús. La justicia de Dios, que se basa completamente en la expiación de la cruz, retira las fachadas y desnuda el orgullo del hombre, que busca permanecer estable por sus méritos. La cruz es la mayor amenaza para el egocentrismo del hombre.

Pablo testificó a los filipenses que, para conocer a Cristo, tuvo que renunciar a todo lo que era. Cuando comprendió la justicia de Jesús, consideró basura lo que tanto valoró en la vida. Este es un testimonio infalible. Todo lo que hemos logrado se vuelve menos que indigno cuando reconocemos quién es Él y lo que Él consiguió. Si la reina de Saba se quedó sin aliento ante el esplendor de Salomón, nosotros aún más ante Jesús. Entonces su cruz, la mayor amenaza para nuestra obstinada voluntad, se convierte en una fuente de paz y libertad tan profunda, que desafía toda comprensión humana.

CAPÍTULO 3

EL SACRIFICIO

Las raíces espirituales de Caín y Abel se disciernen claramente por las ofrendas que llevaron al Señor. Caín trajo una ofrenda de grano, que en las Escrituras tipifica nuestras propias obras. La tierra fue maldecida después de la Caída, para que solo produjera por medio del trabajo y el sudor del hombre (véase Génesis 3:17-19). El grano fue el fruto del sudor de Caín. Este pensó que sus obras serían aceptables para el Señor como sacrificio. Los descendientes de la simiente de Caín todavía se sienten así e intentan basar su relación con Dios en sus acciones o conducta, más que en el sacrificio de Cristo.

Todos los que no han tenido una revelación de la cruz continuamente tratan de equilibrar el bien y el mal dentro de sí mismos. Pero lo que creen parte de una premisa errónea: que el bien que hicieron pesará más que el mal, haciéndolos aceptables ante Dios. Su defensa se presenta en diversas formas: «Soy un tipo decente», «Nunca lastimo a nadie», «Asisto a la iglesia», «Soy generoso con las misiones», y así sucesivamente. La benevolencia que se ofrece como compensación por el mal es una afrenta a la cruz de Jesús y nunca será aceptable para el Padre. **«…Y como trapo de inmundicia [*son*] todas nuestras obras justas…»**

(**véase Isaías 64:6**). Por lo tanto, la ofrenda de las obras de Caín tuvo que ser rechazada por el Señor.

Abel, sin embargo, ofreció un sacrificio de sangre, que fue un tipo y una profecía de la redención por medio de Jesús: **«…Sin derramamiento de sangre no hay perdón» (véase Hebreos 9:22).** En contraste con la ofrenda de Caín, el sacrificio de Abel agradó al Señor. Esto detonó el malestar de Caín contra su hermano, convirtiéndose en la raíz del conflicto entre las dos simientes, que se mantiene hasta el día de hoy. El sacrificio será, hasta el fin, el principal factor de discordia.

Al aceptar el Señor la ofrenda de Abel, Caín enfureció tanto que mató a su hermano. La naturaleza asesina de la simiente de Caín es en realidad un mecanismo de defensa arraigado en la inseguridad. La justicia propia de aquellos que buscan ser aprobados por sus propias obras resulta muy inestable y en el fondo todos lo saben. Debido a ello, se sienten amenazados fácilmente por cualquiera que ponga en evidencia la falsedad tras su frágil ilusión.

Tenemos una buena ilustración de este principio en Saulo de Tarso antes de su conversión. Él aseguró que, de acuerdo con la justicia basada en la ley (véase Filipenses 3:6), era irreprensible. Cuando fue confrontado por la verdad de que la justicia solo se puede encontrar en Jesús, sintió desafiado el fundamento mismo de su vida. Enfurecido, trató de destruir lo que percibía con precisión como la mayor amenaza a su propia justicia.

La cruz de Jesús destruye por completo cualquier alarde de autojustificación. No hay nada que intimide más al conocimiento del bien y del mal que la cruz. La ira generada en la simiente de Caín que se ensaña contra la cruz y aquellos que viven por ella, es simplemente un intento desesperado, a la defensiva, de autoconservación. Luego de comprender el asunto desde ambas orillas, Pablo pudo afirmar con confianza: **«…todos los que quieren vivir piadosamente en Cristo Jesús, serán perseguidos» (véase 2 Timoteo 3:12).** Dios hizo una declaración asombrosa a través del profeta Isaías:

¿Quién es ciego sino Mi siervo, o tan sordo como el mensajero a quien envío? ¿Quién es tan ciego como el que está en paz conmigo, o tan ciego como el siervo del Señor? (Isaías 42:19).

El Señor mismo dio explicaciones sobre esta revelación, en un discurso a los judíos:

Jesús les dijo: Si ustedes fueran ciegos, no tendrían pecado; pero ahora, porque dicen: «Vemos», su pecado permanece (Juan 9:41).

Saulo lo aprendió en el camino a Damasco. Tuvo que quedar ciego en lo natural, antes de poder ver espiritualmente. Lo mismo ocurre con todos los que llegan a Jesús. Si pensamos que vemos, entonces nuestra naturaleza pecaminosa aún prevalece. Solo Su luz cegadora puede eliminar nuestro pecado. No podremos recibir la vista realmente hasta que hayamos sido cegados, hasta que reconozcamos nuestra incapacidad de ver. Santiago declaró: **«Pero Él da mayor gracia. Por eso dice: «Dios resiste a los soberbios, pero da gracia a los humildes» (Santiago 4:6).**

Abel

Las Escrituras no revelan si Abel opuso resistencia a Caín en el conflicto en que se vio envuelto, pero si fue fiel a la naturaleza de Jesús, no lo hizo. Tampoco debemos ofrecer resistencia ante injusticias como las afrentas personales si somos fieles a Él, tal como Él nos advirtió:

Ustedes han oído que se dijo: «Ojo por ojo y diente por diente». Pero Yo les digo: no resistan al que es malo; antes bien, a cualquiera que te abofetee en la mejilla derecha, vuélvele también la otra.

Al que quiera ponerte pleito y quitarte la túnica, déjale también la capa. Y cualquiera que te obligue a ir un kilómetro, ve con él dos. Al que te pida, dale; y al que desee pedirte prestado, no le vuelvas la espalda.

Ustedes han oído que se dijo: «Amarás a tu prójimo y odiarás a tu enemigo». Pero Yo les digo: amen a sus enemigos y oren por los que los persiguen, para que ustedes sean hijos de su Padre que está en los cielos; porque Él hace salir Su sol sobre malos y buenos, y llover sobre justos e injustos. Porque si ustedes aman a los que los aman, ¿qué recompensa tienen? ¿No hacen también lo mismo los recaudadores de impuestos? Y si saludan solamente a sus hermanos, ¿qué hacen más que otros? ¿No hacen también lo mismo los gentiles? Por tanto, sean ustedes perfectos como su Padre celestial es perfecto (Mateo 5:38-48).

El Señor no nos dio este mandamiento solo para nuestra propia disciplina espiritual. Lo hizo porque hay tal poder en la *no resistencia al mal*, que aplasta la cabeza de la serpiente. Arranca el mal de raíz de nuestro corazón, y el de nuestro agresor. Este mandamiento nos fue dado para prohibirnos hacer aquello por lo cual el mal se multiplica y perpetúa. Si agredimos a alguien, verbal o físicamente, el mal es liberado. Pero si este no afecta la paciencia, la paz, ni el amor de su víctima (**«…no se irrita, no toma en cuenta el mal recibido [. . .] todo lo sufre [. . .] todo lo soporta» (véase 1 Corintios 13:5-7)**, entonces el mal que estaba libre, es atado y vencido. Cada golpe que seamos capaces de asimilar sin represalias ni resentimientos, comienza a consumir el mal en quien lo propina, al igual que cualquier mal que pueda residir en nosotros. **«Pero si tu enemigo tiene hambre, dale de comer; y si tiene sed, dale de beber, porque haciendo esto, carbones encendidos** *(de convicción)* **amontonarás sobre su cabeza» (Romanos 12:20).**

Es muy difícil para el hombre natural comprender este principio. Le parece que solo otorga una licencia al mal. Pero hay de por medio un fundamento espiritual mucho más sublime. Satanás no puede echar a Satanás; la ira no puede expulsar la ira; ni el resentimiento al furor. Si reaccionamos en los mismos términos del mal, simplemente multiplicamos la actividad demoníaca que buscamos derrotar. En cambio, **«...el amor cubre multitud de pecados» (véase 1 Pedro 4:8).** Jesús explicó: **«Pero si Yo expulso los demonios por el Espíritu de Dios, entonces el reino de Dios ha llegado a ustedes» (Mateo 12:28).** Solo el Espíritu de Dios puede expulsar a Satanás y transformarnos.

Jesús expulsó a Satanás tras permitir a este que le clavara en la cruz. A todo el mundo (incluidos sus propios discípulos), le pareció que el expulsado era Él, no el diablo. Por paradójico que suene, la mayor injusticia que el mundo haya conocido jamás logró la más formidable victoria sobre el mal. Las victorias de Dios casi siempre se ven como derrotas ante los ojos del hombre natural.

El Señor permitió que Pablo persiguiera a su Iglesia, causando considerable destrucción por algún tiempo. Esto probablemente fue muy difícil de entender para muchos de los perseguidos. Dios sabía muy bien lo que finalmente iba a lograr por medio del instrumento escogido para llevar su nombre en presencia de **«...los gentiles, de los reyes y de los israelitas» (véase Hechos 9:15).** Después de que Pablo tuviera el encuentro con Jesús en el camino a Damasco, toda la rabia se convirtió en humildad y comprensión de la gracia de Dios. Al que mucho se le perdona, mucha ama.

La voz de este apóstol continúa siendo, casi dos mil años después, una de las más poderosas del mundo. La iglesia lamentó mucho la muerte de Esteban, pero se habría regocijado si hubiera podido anticipar el efecto que su martirio tendría al final en este joven «fariseo de fariseos» que lo presenciaba. **«Estimada a los ojos del Señor es la muerte de Sus santos» (Salmos 116:15).**

Jesús explicó el principio de la siguiente manera:

En verdad les digo que, si el grano de trigo no cae en tierra y muere, se queda solo; pero si muere, produce mucho fruto (Juan 12:24).

Aunque no veamos el fruto de inmediato, cuando entreguemos nuestra vida o cada vez que suframos persecución por causa del Señor hay un triunfo sobre el mal y una cosecha gloriosa se recoge de la semilla que muere.

El perdón

La sangre de Abel clamó desde la tierra (véase Génesis 4:10), profetizando que la sangre de Jesús haría lo mismo, pero con el mensaje más extraordinario que la creación jamás haya escuchado. Jesús miró desde la cruz a sus verdugos sin ira ni ánimo alguno de tomar represalias, solo con misericordia. Él oró: **«Padre, perdónalos, porque no saben lo que hacen» (véase Lucas 23:34).**

Estas no fueron palabras vacías. ¡Lo dijo en serio! Él no está esperando su regreso para vengarse. *Los perdonó.* Era consciente de que no entendían lo que hacían. Vivían en una oscuridad imposible de penetrar sin el poder del sacrificio que Él vino a ofrecer por ellos, el mismo que llevaban a cabo con sus propias manos. No descendió del cielo para condenar al mundo; este ya estaba condenado. Él vino a salvarlo. Nos ha comisionado con ese mismo propósito. Si ha de cumplirse a través de nosotros, también debemos rendir nuestra vida.

Nunca es fácil poner la otra mejilla a una afrenta personal; ni siquiera lo fue para el Señor. Hasta la esperanza de que podemos ser capaces de morir un poco más a nuestra propia voluntad, es insuficiente para darnos la fortaleza necesaria y resistir. Tal como lo declara el autor de Hebreos, solo tenemos una manera de sufrir la injusticia en el espíritu correcto: **«Con los ojos puestos en Jesús, el autor y consumador de la fe, quien por el gozo puesto delante de Él soportó la cruz, despreciando la vergüenza, y se ha sentado a la diestra del trono de Dios. Consideren, pues, a Aquel que soportó tal hostilidad de los pecadores contra Él mismo, para que no se cansen ni se desanimen en su corazón»** (Hebreos 12:2-3).

Ni siquiera las piedras que iban a matar a Esteban pudieron retener su atención, cuando este fijó los ojos en Jesús. Al verlo, fue lleno del amor de Dios, y como su Señor, también pidió perdón por sus perseguidores (véase Hechos 7:54-60).

Si hemos de caminar con Jesús, el perdón no es una opción, sino un requisito. **«Porque si ustedes perdonan a los hombres sus transgresiones, también su Padre celestial les perdonará a ustedes. Pero si no perdonan a los hombres, tampoco su Padre les perdonará a ustedes sus transgresiones»** (Mateo 6:14-15).

La capacidad de sufrir la injusticia en carne propia, sin resentimiento ni tomar represalias, es una señal infalible de que el creyente ya permanece en Cristo. **«Porque si hemos sido unidos a Cristo en la semejanza de Su muerte, ciertamente lo seremos también en la semejanza de Su resurrección»** (Romanos 6:5). Si verdaderamente hemos sido crucificados con Él, ni las peores injusticias podrán afectarnos. Haber muerto con el Señor, significa estar muertos al mundo. ¿Qué podría afectar a un muerto? Es imposible que tal difunto adopte represalias. Por otra parte, ¿qué nos puede hacer el mundo, si ya hemos muerto a él?

Haya, pues, en ustedes esta actitud que hubo también en Cristo Jesús, el cual, aunque existía en forma de Dios, no consideró el ser igual a Dios como algo a qué aferrarse, sino que se despojó a sí mismo tomando forma de siervo, haciéndose semejante a los hombres. Y hallándose en forma de hombre, se humilló Él mismo, haciéndose obediente hasta la muerte, y muerte de cruz. Por lo cual Dios también lo exaltó hasta lo sumo, y le confirió el nombre que es sobre todo nombre (Filipenses 2:5-9).

Si el Señor Jesús, el Creador y Rey del universo, soportó voluntariamente la humillación por el bien de aquellos que le humillaron, ¿cuánto más nosotros debiéramos ceder nuestros derechos en favor de aquellos a quienes Él compró con su propia sangre? El exaltado Rey de Gloria se convirtió en el hombre más humilde *por nosotros*, desde su nacimiento hasta su muerte. ¿Cómo no estar dispuestos a dejar de lado cualquier posición o pretensión de honor por causa de Jesucristo?

Bajo el Antiguo Pacto se nos ordenó amar a nuestro prójimo como a nosotros mismos. El llamamiento es mucho mayor en Cristo. **«Un mandamiento nuevo les doy: que se amen los unos a los otros, como yo los he amado…» (véase Juan 13:34).** Jesús no solo nos amó como se amaba a sí mismo; Él nos amó más que a su propia vida. De igual manera nos ordenó amarnos unos a otros.

El furor de Dios se derramará sobre esta tierra y ya ha ocurrido de muchas maneras. Pero debemos entender su ira. Aunque los celos son tanto una obra de la carne como una artimaña de Satanás (véase Gálatas 5:20 y Santiago 3:14-15), se dice muchas veces en las Escrituras que nuestro Dios es un Dios *celoso*. ¿Está el Señor sometido a la carne o a Satanás? ¡Por supuesto que no! Los celos del Señor son bien distintos de los humanos. **«"Porque mis pensamientos no son los pensamientos de ustedes, ni sus caminos son mis caminos"–declara el Señor» (Isaías 55:8).**

Los celos del hombre son egocéntricos, mientras que los caminos de Dios están muy por encima de los nuestros. Sus celos son puros, estimulados por su amor hacia nosotros. Tampoco su ira se compara con la del hombre. **«Dios es amor» (véase 1 Juan 4:8),** e incluso su ira está motivada por la esencia misma de su naturaleza: el AMOR. Solemos interpretar sus caminos desde la perspectiva de los nuestros, pero perdemos de vista que *Sus* caminos son infinitamente superiores. Verle desde nuestra propia perspectiva, en lugar de hacerlo a través del Espíritu, ha causado con frecuencia que el hombre distorsione las Escrituras y los propósitos de Dios.

El apóstol Pablo nos exhortó: **«Mira, pues, la bondad y la severidad de Dios…» (véase Romanos 11:22).** Para nuestra limitada mente humana, la bondad de Dios y su severidad parecen contradecirse. Esto ha llevado a que muchos enfaticen un atributo sobre el otro. Sin embargo, si se mira en el Espíritu, existe una total armonía entre la bondad y la severidad de Dios. Él es severo, debido a su amor por nosotros.

Partiendo de que Sus caminos son superiores a los nuestros debemos subir con Él para verlos desde Su perspectiva, si es que queremos entenderlos. Al Señor no hay forma de conocerlo auténticamente desde la limitada perspectiva humana. Para el mundo, la cruz es una locura. Pero cuando Dios abre nuestros ojos, vemos una gloria que trasciende la comprensión humana. Fue por esta razón que Pablo oró para que los ojos de nuestro corazón (no solo los naturales) fuesen abiertos (véase Efesios 1:18). Debemos nacer del Espíritu para ver de verdad.

CAPÍTULO 4

LA RAÍZ DEL DOBLE ÁNIMO

Haríamos bien en entender ciertas características que predominan cada vez más entre los hombres y mujeres de este tiempo. Ninguno de dichos rasgos es nuevo, pero se incrementa significativamente. Su origen, como casi todos los problemas humanos, se remonta a nuestra tendencia de comer del árbol del conocimiento del bien y del mal, en lugar del árbol de la vida.

Santiago escribió que el hombre de doble ánimo es inconstante en todos sus caminos (véase Santiago 1:8). Este doble ánimo crea inestabilidad y es una de las aflicciones más sutiles y acentuadas del género humano. Su manifestación aumenta por doquier tanto en número de casos como en gravedad. Bien puede tratarse del factor que más contribuya a la profunda oscuridad y al tiempo de angustia profetizados sobre el mundo en los últimos días.

¿Qué es el doble ánimo?: *tener más de una mente o personalidad*. Un término moderno común para este problema es la esquizofrenia (en la definición tradicional, entendiendo que algunas escuelas más recientes cambiaron esta definición). De hecho, la palabra griega que usó Santiago en éste texto es la raíz de la que proviene el término 'esquizofrenia'. Tendemos a pensar en la esquizofrenia en sus formas más extremas, aquellas en las que ocurren los cambios drásticos de la personalidad. Estos son a menudo de naturaleza demoníaca. Pero hay niveles del doble ánimo presentes en todos los que no han sido transformados en la naturaleza carnal del hombre caído, mediante la renovación de su mente en Cristo. Si tendemos a mostrar una personalidad en el hogar, otra en la oficina o en el trabajo y otra en la iglesia, estamos ante un síntoma evidente de doble ánimo y un fruto del árbol del conocimiento.

Aquellos que traten de vivir según el conocimiento del bien y del mal serán de doble ánimo, al menos hasta cierto punto. Los hombres no fueron creados para vivir con este conocimiento y, tratar de hacerlo, promueve la inestabilidad en nuestro interior. Podemos pensar que tales cambios en la personalidad son normales, que simplemente nos portamos como seres flexibles. ¡Sin embargo, lo que se considera normal según los estándares del mundo no lo es para el hombre que Dios ha *re-creado*! Puede que existan personas voluntariosas, capaces de resistir mejor que otras los cambios en la personalidad, pero si se dan las circunstancias adecuadas, hasta ellas se doblegarán y dejarán arrastrar. La única estabilidad verdadera que el hombre puede conocer es la Roca: Jesús.

El egocentrismo

Uno de los miedos más dominantes que afligen al hombre caído es el temor al rechazo. El egocentrismo provocado por el conocimiento del bien y el mal, así como una realidad inherente (que «no es bueno que el hombre esté solo», — véase Génesis 2:18), contribuyen a esta aprensión. En cuanto a dicha advertencia, fue la primera cosa que el Señor dijo que no era buena, y es la raíz de muchos problemas del ser humano. El Señor creó al hombre para que necesitara de Él, y a nosotros, para necesitarnos unos a otros. Tal sentido de pertenencia fue creado en nosotros para ser satisfecho, pero el miedo al que nos referimos puede convertirse en un impulso muy impío, debido a la Caída y deformación de la naturaleza del hombre.

Este miedo al rechazo puede compelernos, al punto de *querer ser* la persona que *creemos* que será aceptada o reconocida, actitud que varía, hasta cierto punto, ante cada nuevo grupo o situación. Pero una sutil erosión de la coherencia y estabilidad de nuestra personalidad acompaña todo pequeño o gran cambio que adoptamos para contemporizar con las circunstancias externas. Muy pronto terminamos confundidos en cuanto a quiénes somos en realidad y, por lo tanto, las circunstancias externas pueden controlarnos casi por completo.

Como se mencionó anteriormente, lo primero que Dios dijo fue que no era bueno que el hombre estuviera solo. El pecado generó una brecha entre el hombre y su Dios, que también lo separaba de sus semejantes. Incluso cuando solo había dos hermanos en la tierra, uno de ellos dijo, básicamente: «¡Este mundo no es lo suficientemente grande para los dos!». Sin embargo, la soledad de Caín solo se agravó después de su pecado, como ocurre luego de cada transgresión. Esta enorme soledad produce un miedo al rechazo aún mayor, que con frecuencia provoca únicamente más rechazo. Se trata de una espiral de muerte cada vez más asfixiante y severa, que solo puede romperse mediante la reconciliación con Dios, la cual también abrirá el camino para nuestra reconciliación con los demás.

La densa oscuridad

La reciente proliferación de teorías humanistas, filosóficas y psicológicas que alejan a los hombres de su Creador, ha causado una erosión galopante de la coherencia en la personalidad. Bien sea entre individuos o en la agenda política internacional, las oscilaciones son cada vez más pronunciadas en las acciones humanas. Un buen ejemplo son los dramáticos cambios en la opinión pública revelados por las encuestas políticas, cuya forma de acomodarse hacia los extremos puede resultar asombrosa

Nuestra tendencia a abandonar fácilmente una postura por otra es señal elocuente de que estamos perdiendo con rapidez el control sobre lo que realmente creemos. Hay fuerzas poderosas que obran para socavar la estabilidad humana. El resultado en el futuro, será una avalancha de libertinaje que la Biblia llama: *el tiempo más angustioso que el mundo haya visto jamás.*

Cada individuo que nace en esta tierra tiene el conocimiento interno del bien y del mal, debido a que nuestros primeros padres probaron el fruto prohibido y a que todo lo que se siembra se cosecha. Aunque este conocimiento hasta cierto punto ha servido para guardar al hombre del caos absoluto después de nuestra separación de Dios, sigue siendo la raíz de la discordia y depresión internas del hombre. El Señor hizo caer en cuenta de esto a Caín: **«¿Por qué estás enojado, y por qué se ha demudado tu semblante?** (o, *¿Por qué estás deprimido?*). **Si haces bien, ¿no serás aceptado? Pero si no haces bien, el pecado yace a la puerta y te codicia, pero tú debes dominarlo»** (Génesis 4:6-7).

Caín tuvo que vivir según su conocimiento interno del bien y del mal. La ley está en todo hombre. Este se siente bien cuando hace lo que sabe que es correcto. De lo contrario enfrenta la discordia sin importar el empeño con que trate de racionalizar sus conflictos.

Resulta imposible que el hombre caído cumpla cabalmente con la ley en su corazón. Sigmund Freud notó que la causa principal de la depresión del hombre era la culpa, tal como lo haría cualquier buscador honesto de la verdad, al indagar la raíz de los problemas del hombre. No obstante, como no pudo ver más allá del árbol del conocimiento, supuso que el remedio se encontraría en el fruto mismo que causó el problema. En lugar de enseñar que el alivio a la culpa y la depresión resultante se encontraban en *hacer lo correcto*, comenzó a atacar lo que consideraba valores y estándares morales poco realistas.

Esta agresión contra dichos principios continúa con gran sutileza y efectividad. Muchas de las tendencias actuales hacia la anarquía que impregnan al mundo de hoy se remontan a las doctrinas de Freud. A través de ellas una puerta se abrió de par en par a la corrupción más profunda y oscura del corazón humano. Tal como discernió con precisión Margaret Thatcher, la Primera Ministra de Gran Bretaña: «La capa de barniz de la civilización es muy fina». Las teorías freudianas intensificaron el despojo de esta fina capa. El salmista lo previó con exactitud, varios miles de años antes de nuestro tiempo:

¿Por qué se sublevan las naciones,
y los pueblos traman cosas vanas?
Se levantan los reyes de la tierra,
y los gobernantes traman unidos
contra el Señor y contra Su Ungido,
diciendo:
«¡Rompamos Sus cadenas
Y echemos de nosotros Sus cuerdas!».

(Salmos 2:1-3)

Freud percibió correctamente que la ley es la fuente de la depresión del hombre. La razón para ello es que nadie puede vivir a la altura de sus estándares, y la culpa resultante trae depresión. Pablo lo expuso en Romanos 7:19: **«Pues no hago el bien que deseo, sino el mal que no quiero, eso practico»**. Pablo convino en que la ley era buena y él, malo. Explicó: **«Porque yo sé que, en mí, es decir, en mi carne, no habita nada bueno. Porque el querer está presente en mí, pero el hacer el bien, no» (Romanos 7:18).** Semejante conflicto hizo que Pablo buscara ayuda en la única solución verdadera al dilema, el Señor Jesús mismo.

Freud, en contraste con Pablo, apuntó hacia el razonamiento humano egocéntrico como la causa de toda la muerte y del mal que este planeta haya conocido. En lugar de buscar la provisión del Señor para nuestra liberación de la ley, Freud trató de emancipar al hombre pretendiendo que esta no existe; un error devastador y fatal.

Semejante razonamiento es muy destructivo y además inútil, porque nunca podría llevarse a la práctica sin eliminar por completo la conciencia del hombre, que es una parte vital de su composición, creada con funciones, como cualquier órgano físico. Privados de los estándares del bien y del mal, quedamos reducidos a una especie más baja y mucho más peligrosa que las bestias. De hecho, esto es exactamente lo que ha venido ocurriendo a medida que se adoptan las doctrinas de Freud: los hombres se tornaron aún más crueles y despiadados que cualquier bestia.

El salmista discernió correctamente que atacar la ley de Dios solo provocaría confusión entre las naciones. Incluso ante la abrumadora evidencia de estas terribles consecuencias, la filosofía de «eliminar los límites antiguos» impregna de alguna forma a todas las sociedades del mundo, y esto libera la **«densa oscuridad»,** que se profetizó, vendría sobre la tierra **(véase Isaías 60:2).**

Cuanto más procuremos ignorar la ley, más deprimidos y esquizofrénicos nos volveremos, porque la semilla del conocimiento del bien y del mal está en todos nosotros y no se puede eliminar. La confusión que ahora se manifiesta, es el resultado de esta gran batalla que tiene lugar en el corazón de los hombres.

El historiador Will Durant observó que son las costumbres las que mantienen cuerdas a las personas. Dijo: «Nos volvemos incesantemente vacilantes y presas de la inseguridad, sin las hendiduras a lo largo de las cuales nuestra mente puede moverse con la facilidad de un mecanismo inconsciente». Las vías férreas pueden restringir la libertad de movimiento de un tren, pero sin ellas el tren no iría a ninguna parte. De la misma manera, el hombre no es verdaderamente libre de vivir en este mundo sin las restricciones que Dios le impuso. Las limitaciones mismas que confinan al hombre a su curso establecido también lo liberan, para que pueda ser todo lo que el Señor quiso al crearlo.

Si un tren trata de dejar su curso por la ferrovía y avanzar a campo traviesa, rápidamente se atascará y dejará de funcionar. Desde que el hombre decidió abandonar su «curso», se ha visto cada vez más atascado en la incertidumbre. Aquellos que eligen sus propios caminos hacia la «libertad» se convierten en los más subyugados. Los caminos del bien y del mal son frustrantes para el hombre, pero sirven para mantenerlo estable hasta que llegue a Cristo.

La embestida del humanismo

Durante la década de los cincuenta, un gran temor al comunismo comenzó a extenderse por Occidente, especialmente en Estados Unidos. En este tiempo surgió una psicología sobre la crianza de los niños que supuestamente produciría rasgos de carácter más adecuados para resistir la tiranía. Como filosofía, glorificó la libre determinación y la afirmación personal. Los psicólogos fomentaron una restricción de la disciplina de los padres, en contravía de la sabiduría de las Escrituras. Creyeron que la disciplina obstruiría la libre expresión y el desarrollo independiente del carácter del niño. De hecho esta generación, proyectada para ser intransigente en sus ideales, se convirtió en la de los estudiantes rebeldes, comunistas y anarquistas de finales de los años sesenta y setenta. ¡Llegaron a ser los enemigos mismos que sus padres trataban de enseñarles a resistir! Los padres de esta generación cosecharon odio y desprecio en lugar de la pureza moral y del amor por la libertad que esperaban. ¿Por qué?

Una vez más, la ley de la carne y del Espíritu lo aclara: **«Porque el que siembra para su propia carne, de la carne segará corrupción…» (véase Gálatas 6:8)**. Al sembrar únicamente para el Espíritu se puede segar lo que es del Espíritu. Estimular el gobierno de la voluntad propia es fomentar el egocentrismo. Aquellos que son egocéntricos resultan incapaces de tener pensamientos o realizar acciones nobles, porque solo les preocupan sus propias necesidades y deseos. En realidad, estos terminarán siendo los más susceptibles y fácilmente perturbados por la tiranía. Al haberse erosionado las pautas de la autoridad en su interior, buscarán seguridad en la figura más dominante. Cualquier liderazgo que les parezca débil o indeciso será despreciado y atacado. Lo único que un tirano tiene que hacer es prometerles seguridad y la satisfacción de la carne, y así se ganará su aceptación.

Las personas egocéntricas no son capaces de alcanzar los principios más sublimes del amor, el deber, la justicia, la misericordia o incluso la libertad, aunque puedan predicar enérgicamente de estas cosas. Conseguirán, a lo sumo, apegarse a las causas, pero la motivación básica de tal adhesión será egocéntrica: arraigada en la rebelión, en el deseo de reconocimiento personal o en la necesidad de identificarse con una prestigiosa entidad social. La causa en sí tendrá una importancia secundaria en el mejor de los casos.

Apegarse a causas nobles o llamativas es simplemente un intento por compensar sus excesos. La «generación del yo» alcanzó la mayoría de edad. Dejar de lado la ambición personal para convertirse en un verdadero siervo del Señor Jesús se ha vuelto una decisión casi incomprensible, pero este es el único camino hacia la verdadera libertad. No podemos conocer la auténtica cordura ni la libertad auténtica hasta que lo aceptamos a Él como el centro de nuestra vida.

El hombre fue creado a la imagen de Dios y solo puede conocer su verdadera identidad cuando se relaciona correctamente con Dios. La esquizofrenia y el síndrome de personalidad múltiple continúan creciendo debido a un sentido frustrado de la identidad. La esquizofrenia del hombre aumenta a medida que se aleja de Aquel a cuya imagen fue creado. Y a la inversa, en tanto nos acercamos a Él, llegamos a saber quiénes somos realmente.

Seremos las personas más coherentes, resueltas y estables que el mundo haya conocido, cuando avancemos hacia *Él*. Las situaciones externas y las presiones sociales ya no nos doblegarán ni nos moldearán. El estándar de Aquel que vive *en* nosotros será la luz por la que vivamos.

Jesús es el mismo ayer, hoy y siempre. ¡Él nunca cambia! Tampoco el mundo podrá cambiarnos, cuando nuestra mente haya sido tan transformada que veamos con Sus ojos, oigamos con Sus oídos y entendamos con Su corazón. El testimonio del Dios que vive en nosotros superará ampliamente todas las presiones del mundo. ¡Él es más grande que el mundo! (véase 1 Juan 4:4)

Aquellos que realmente conocen a su Dios son las personas más seguras, humildes y pacíficas de la tierra. El Señor habló por medio del profeta Isaías: **«Yo pongo por fundamento en Sión una piedra, una piedra probada, angular, preciosa, fundamental, bien colocada. El que crea en ella** *(Él)* **no será perturbado»** **(Isaías 28:16).**

Jesús es la Piedra Angular de la creación, el único fundamento de la vida humana. Cuando Él se encuentre firmemente posicionado en nuestra vida, ni el mundo ni todos los poderes del mal podrán perturbarnos. Una vez lleguemos a conocer verdaderamente a nuestro Dios– no solo *acerca* de Él–, los cambios en nuestra personalidad surgirán desde adentro, ya no desde afuera. Su amor perfecto echa fuera todo temor. En Él, ya no nos mueve el miedo al rechazo ni a ninguna otra cosa. En Él, no vivimos bajo temor, sino por la fe.

El apóstol Juan expresó de forma clara y profunda la diferencia entre las dos simientes:

Ninguno que es nacido de Dios practica el pecado, porque la simiente de Dios permanece en él. No puede pecar, porque es nacido de Dios. En esto se reconocen los hijos de Dios y los hijos del diablo: todo aquel que no practica la justicia, no es de Dios; tampoco aquel que no ama a su hermano. Porque este es el mensaje que ustedes han oído desde el principio: que nos amemos unos a otros. No como Caín que era del maligno, y mató a su hermano. ¿Y por qué causa lo mató? Porque sus obras eran malas, y las de su hermano justas.

Hermanos, no se maravillen si el mundo los odia. Nosotros sabemos que hemos pasado de muerte a vida porque amamos a los hermanos. El que no ama permanece en muerte. Todo el que aborrece a su hermano es un asesino, y ustedes saben que ningún asesino tiene vida eterna permanente en él. En esto conocemos el amor: en que Él puso Su vida por nosotros. También nosotros debemos poner nuestras vidas por los hermanos.

Pero el que tiene bienes de este mundo, y ve a su hermano en necesidad y cierra su corazón contra él, ¿cómo puede morar el amor de Dios en él? Hijos, no amemos de palabra ni de lengua, sino de hecho y en verdad. En esto sabremos que somos de la verdad, y aseguraremos nuestros corazones delante de Él (1 Juan 3:9-19).

Las características distintivas de los que nacen de Dios son la práctica de la justicia y el amor a los hermanos. Esta justicia no se basa en cumplir la ley, porque **«por las obras de la ley ningún ser humano será justificado delante de Él...»** (véase Romanos 3:20), y **«porque Cristo es el fin de la ley para justicia a todo aquel que cree»** (Romanos 10:4). Él no puso fin a la ley eliminándola, sino cumpliéndola (véase Mateo 5:17). De esta forma vino a ser nuestra justicia, por medio de la expiación que hizo de nuestros pecados. Nuestra «práctica de la justicia» consiste en permanecer en Él.

Esta fe no tiene que ver con el despliegue de una voluntad fuerte, ni con la aprobación intelectual por alcanzar determinados requisitos; se trata de una condición del corazón. **«Porque con el corazón se cree para justicia...»** (véase Romanos 10:10). No se logra, nada más, por creer con nuestra mente. La fe verdadera proviene del corazón, no de la mente, y solo se obtiene mediante el *nuevo nacimiento*. Únicamente el Espíritu puede engendrar lo que es del Espíritu. La naturaleza carnal del hombre (Caín) está en guerra con el Espíritu. La armonía con Dios se restablece a través del nacimiento de Cristo en nuestro interior. Ni el acto más profundo de la voluntad humana puede lograr esto, tal como lo subraya el apóstol en Romanos 10:6-7:

Pero la justicia que es de la fe, dice así: No digas en tu corazón: «¿Quién subirá al cielo?». Esto es, para hacer bajar a Cristo, o «¿Quién descenderá al abismo?». Esto es, para subir a Cristo de entre los muertos.

No podemos hacer bajar ni subir a Cristo. Conseguir la salvación por mérito propio está más allá del alcance humano. Solo Jesús puede satisfacer la ley de la justicia de Dios. Si centramos la atención en la ley, nuestra naturaleza pecaminosa nos consumirá. En cambio, si enfocamos nuestra atención en Él, seremos transformados a Su imagen, la imagen que originalmente fuimos creados para reflejar. En Él no hay pecado, y tampoco lo habrá en nosotros, en la medida en que permanezcamos en Él.

Cuando un escriba pidió a Jesús que citara el gran mandamiento, Cristo le respondió: **«Amarás al Señor tu Dios con todo tu corazón, y con toda tu alma, y con toda tu mente. Este es el grande y primer mandamiento. Y el segundo es semejante a este: Amarás a tu prójimo como a ti mismo. De estos dos mandamientos dependen toda la ley y los profetas» (véase Mateo 22:37-40).** Cumpliríamos toda la ley, de ser capaces de guardar estos dos mandamientos. Si amáramos al Señor con todo nuestro corazón, ciertamente no cometeríamos idolatría; si amáramos a nuestro prójimo, no lo asesinaríamos, no codiciaríamos lo que le pertenece, no cometeríamos adulterio con su esposa, etc.

Toda la ley se cumple en estos dos mandamientos. El amor es su cumplimiento Jesús reemplazó los aspectos negativos de la ley, los «no harás», con un simple y positivo: ¡AMA!

¿Quién de nosotros ama realmente al Señor con todo su corazón o aún a nuestro hermano como a nosotros mismos? **«El Señor ha mirado desde los cielos sobre los hijos de los hombres para ver si hay alguien que entienda, alguien que busque a Dios. Pero todos se han desviado, a una se han corrompido; no hay quien haga el bien, no hay ni siquiera uno»** (Salmos 14:2-3). Ni siquiera buscaríamos al Señor si Él no nos atrajera. ¿Quién de nosotros no acaba redargüido por el Amor descrito en 1 Corintios 13? Practicar la justicia solo es posible al permanecer en Él. Jesús *es* nuestra Justicia. Jesús es el Amor de Dios que se derramó abundantemente en nuestro corazón.

Somos transformados al contemplar la gloria del Señor (véase 2 Corintios 3:18). Esto no se logra con verlo a Él y luego a nosotros mismos pretendiendo compararnos (a través del árbol del conocimiento). Nuestro llamado prioritario no es a ser imitadores de Cristo, sino a que Cristo sea formado en nosotros. Cuando verdaderamente comenzamos a contemplar Su gloria, nos abruma por completo lo maravilloso que es Él, como para interesarnos en nosotros mismos, o en lo que podemos haber logrado. Los veinticuatro ancianos del libro del Apocalipsis arrojaron sus coronas a los pies del Cordero cuando lo vieron (mírese Apocalipsis 4:10). ¿Quién podría jactarse en su presencia?

Cuando empezamos a tratar de definir nuestra posición en Cristo, también empezamos a perder ese privilegio. Él es la obra consumada de Dios. Él es la obra consumada de la Iglesia. Estamos creciendo en Él. La cuestión no es lo que somos, sino *quién es Él*. Él es el Árbol de la vida. Si tomamos parte *en Él*, viviremos para siempre.

CAPÍTULO 5

BABILONIA

La construcción de la Torre de Babel es una de las revelaciones más claras de la sustancia y motivación tras la naturaleza carnal del hombre. En una frase, los hombres de Babel resumen la motivación esencial de quienes tienen mentalidad terrenal:

> *Vamos, edifiquémonos una ciudad y una torre cuya cúspide llegue hasta los cielos, y hagámonos un nombre famoso, para que no seamos dispersados sobre la superficie de toda la tierra (véase Génesis 11:4).*

El Señor nos creó para su gozo, para la comunión y el servicio. La única satisfacción verdadera que llegaremos a conocer se encuentra en servirle; aun así, el fruto del árbol del conocimiento nos ha hecho volcarnos casi exclusivamente hacia nosotros mismos. El único propósito del hombre ahora es servirse a sí mismo, esfuerzo que inevitablemente resulta en una gran frustración y confusión.

Por ridículo que pueda parecer el intento de construir una torre hasta el firmamento, los hombres nunca han desistido en su empeño por levantarla. De hecho, la historia del hombre parece una larga sucesión de torres inconclusas, las ruinas de los intentos del hombre por alcanzar la fama y unirse en torno a varios proyectos. Dolorosamente, los cristianos parecen igual de determinados a elevar estas torres hasta el cielo. Sin importar con cuánta piedad le asignemos el nombre del Señor a nuestras obras, todo lo que sea motivado por la ambición personal tendrá el mismo final que la torre original: confusión y dispersión. Santiago explicó que la ambición egoísta es **«terrenal, natural, diabólica. Porque donde hay celos y ambición personal, hay allí confusión y toda cosa mala»** (véase Santiago 3:15-16).

La raíz de la desunión cristiana

Babel significa «confusión». Dios miró con desagrado a los hombres de Babel y determinó que la dispersión de sus idiomas era la mejor solución para su necedad. Vio la misma insensatez cuando miró lo que muchos creyeron que representaba la iglesia cristiana en la Edad Media. Gran parte de la iglesia visible fue otra forma de la torre original: un intento de los hombres de alcanzar el cielo mediante sus propias obras. Así que el Señor también dispersó sus «lenguas». Ahora tenemos más de diez mil «idiomas» o denominaciones distintas.

Toda obra que intente reunir a la gente en torno a algo que no sea el Señor Jesús mismo tiene su origen en la naturaleza carnal del hombre, independientemente de lo buena que pueda parecer; en última instancia resultará en confusión, por más que se trate de un proyecto de construcción, de alcance evangelístico o de una gran verdad espiritual. Ciertamente no hay nada de malo en los proyectos mismos, sus alcances, o en la búsqueda de la verdad doctrinal, pero si estos se convierten en el foco de nuestra atención, eclipsando al Señor Jesús, a la postre Él tendrá que apartarnos de ellos por nuestro propio bien.

Es posible que alguien entienda con exactitud toda la doctrina cristiana y, sin embargo, no sea cristiano. Ser cristianos no consiste solamente en comprender ciertas doctrinas y principios espirituales; significa tener nuestra vida en Jesús. La verdad cumple su propósito cuando nos lleva a Jesús. Pero si la verdad, por sí misma, se convierte en el centro de atención, es simplemente otra forma de conocimiento del bien y del mal. Su fruto será la muerte, más allá de lo cierta que sea. La información que se encuentra en el árbol del conocimiento puede ser, sin duda, verdadera y objetiva, pero existe una verdad que mata, y una Verdad que da vida, por lo cual debemos aprender a distinguirlas.

La mayoría de las confesiones se originaron con un genuino mover del Espíritu que impartieron verdades a la iglesia. Dichas verdades estaban destinadas a acercar a la iglesia a Jesús y, sin lugar a duda esto se logró en muchos casos. Sin embargo, con cada uno de estos movimientos siempre surgieron personas que nunca vieron más allá de las verdades en sí mismas. Comenzaron a construir sus torres alrededor de las verdades, en lugar de verlas como simples peldaños, importantes, sí, pero intermedios al fin y al cabo para llegar a la Verdad. Estas torres han llegado a convertirse hoy en muchas de las confesiones esparcidas por el panorama espiritual del cristianismo.

Babilonia no es solo una realidad física; Babilonia está en el corazón. Hay muchas iglesias «no confesionales» que son tan sectarias como cualquier iglesia confesional. Asimismo, existen comunidades «denominacionales» donde Jesús es verdaderamente la Cabeza, y el espíritu sectario es casi imperceptible, o brilla por su ausencia. Algunas iglesias tienen la verdad, sin tener vida, y otras tienen vida en Jesús, aunque puede que no comprendan toda la doctrina. Thomas de Kempis lo plasmó en su obra clásica *Imitación de Cristo*: «Preferiría sentir la contrición que saber definirla [. . .] ¿En qué beneficia al hombre poder debatir profundamente sobre la Trinidad, si carece de humildad, y por ende desagrada a la Trinidad?».

Huir de la Babilonia física no es solo dejar atrás una confesión o secta; es la remoción de todas las barreras que nos separan del Señor y de nuestros hermanos, de modo que podamos amar y servir libremente en ambos casos. El apóstol Pablo exhortó: **«nosotros de ahora en adelante ya no conocemos a nadie** (*¿o ninguna iglesia?*) **según la carne** (*lo externo*)**...» (véase 2 Corintios 5:16).** Aquellos que están en contra de las confesiones inevitablemente avanzan en la construcción de la próxima. Nuestra búsqueda debe trascender más allá de la posición simplista de levantarse en contra de los errores del pasado. Debemos continuar mirando hacia adelante, para ver la gloria del Señor y la ciudad que Él edifica.

La Verdad es importante. Hay ciertas verdades básicas que resulta apropiado mantener como prioridad si queremos permanecer en el camino que conduce a la vida. Pero los creyentes a través de los siglos se han dividido en torno a varias doctrinas que no están en esta categoría. Los cristianos (discípulos de Jesús de quienes Él dijo que serían reconocidos por su amor), demostraron la asombrosa habilidad de estar de acuerdo en el noventa y ocho por ciento de sus doctrinas y, sin embargo dividirse a causa del dos por ciento restante. El acuerdo requerido sobre lo no esencial casi siempre tiene sus raíces en la inseguridad más que en un amor genuino por la verdad.

La inseguridad entre los líderes del cuerpo de Cristo ha sido la fuente de gran parte de la división dentro de la iglesia como ningún otro factor. Los inseguros se ven amenazados por la más leve desviación de sus propias creencias y tienden a reaccionar de manera desproporcionada ante tales desviaciones. Las polarizaciones pueden causar amargura, conduciendo a diferencias irreconciliables incluso sobre asuntos francamente insignificantes. Este es un síntoma de la autoridad que no está arraigada en Cristo.

Reaccionar de forma exagerada ante aquellos que desafían nuestras posturas, en efecto es evidencia de que estamos edificando para nosotros mismos en lugar de hacerlo para el Señor. Pero si estamos arraigados y permanecemos en Cristo, no seremos intimidados ni siquiera por los desafíos más serios. El que recibe su autoridad de lo alto entiende la soberanía y el poder supremo del Señor y no se preocupará demasiado por la oposición de los hombres.

La verdadera unidad

No hay nada imposible para Dios. Sería algo insignificante para Él hacer que todos creyéramos de la misma forma en todo. Por el momento, el Señor tiene una buena razón para no hacerlo. En primer lugar, debemos entender que nuestra unidad no se basa en tener doctrinas idénticas. Tal unidad es superficial en el mejor de los casos. La verdadera unidad solo puede encontrarse en Jesús. Centrar nuestra atención en Él y aprender a amarnos y cuidarnos unos a otros es mucho más importante que la conformidad en materia doctrinal. Veremos las doctrinas y todo lo demás desde la misma perspectiva—¡la del Señor! –, cuando Él se convierta en el centro de nuestra atención.

¡Incluso los veinticuatro ancianos de la iglesia arrojaron las coronas a sus pies cuando el Cordero estuvo en medio de ellos! ¿Quién podría presumir de alguna gloria o posición en su presencia? Es precisamente debido a la falta de Su presencia en la Iglesia que estamos sujetos a las muchas divisiones que ahora nos agobian. Uno de los versículos más aleccionadores del Nuevo Testamento es Apocalipsis 3:20, donde vemos a Jesús parado afuera y llamando a la puerta de su propia iglesia para ver quién le abre. Este puede ser el desafío espiritual determinante para todo creyente: escuchar el llamado del Señor por encima del clamor de la gente y las presiones de aquellos que luchan por una posición.

Se nos exhorta: **«Antes bien, examínenlo todo cuidadosamente, retengan lo bueno» (1 Tesalonicenses 5:21).** Somos necios si no examinamos todo cuidadosamente a la luz de la Palabra y el Espíritu. Aun así, somos igual de necios si examinamos las cosas con el espíritu equivocado. La exhortación es a que nos aferremos a lo bueno, no a lo malo. Nuestra evaluación no tiene el propósito de buscar lo que está mal, sino lo que está bien. Cuando busquemos la verdad con la intención de desafiar las posturas de los demás, estaremos examinando desde un fundamento equivocado y no podremos percibir la verdad con precisión.

Muchos cristianos parecen tener más fe en la capacidad del diablo para engañarlos que en el poder del Espíritu Santo para guiarlos a toda la verdad. Una vez más, esta es una manifestación de nuestra inseguridad, y ha ocasionado mucha división y malentendidos dentro del cuerpo de Cristo. Hay momentos en los que el desafío o la confrontación son necesarios para corregir. Las epístolas del Nuevo Testamento revelan, en gran parte, el resultado de que los apóstoles y ancianos hicieran justamente eso. Con todo, la corrección del Señor sana y restaura. Nuestra aspereza o espíritu crítico pueden hacer mucho más difícil la sanidad y restauración de la persona que esté equivocada.

Pablo exhortó: **«Hermanos, aun si alguien es sorprendido en alguna falta, ustedes que son espirituales,**

restáurenlo en un espíritu de mansedumbre, mirándote a ti mismo, no sea que tú también seas tentado» (**Gálatas 6:1**). Hay muchos ejemplos elocuentes de hombres que cayeron en los mismos pecados que descaradamente intentaron exponer en otros. **«…Dios resiste a los soberbios, pero da gracia a los humildes» (véase Santiago 4:6).**

Ninguno de nosotros puede permanecer firme si no es por la gracia de Dios. Cada vez que ataquemos o pongamos al descubierto los pecados o errores de los demás, enorgulleciéndonos de no ser así, prácticamente garantizamos nuestra propia caída. Por esta razón, muchos «cazadores de herejes» se vuelven mezquinos y por lo general terminan haciendo más daño a la iglesia a través de la división, que las «herejías» que trataban de confrontar.

Casi todas las grandes verdades impartidas a la Iglesia han sido llevadas a los extremos por quienes las recibieron inicialmente. Como resultado, otras facciones de la Iglesia abrazan a menudo el extremo opuesto en una reacción exagerada. Con frecuencia estas posiciones recalcitrantes y excesivas causan tanto daño como los extremos en los que se ha pretendido establecer la doctrina original. La verdad que conduce a la vida se encuentra, generalmente, en algún lugar *entre los dos extremos*, aunque quienes tomen partido por una u otra posición enfrentada lo consideren una componenda que solo busca contemporizar.

Históricamente, buena parte del cuerpo de Cristo se ha limitado a blindarse de los temas controvertidos, prefiriendo evitar la confusión. Esto también es un error, porque los sabios **«examinarán todo cuidadosamente»** y **«retendrán lo bueno» (véase 1 Tesalonicenses 5:21).** Si vivimos nuestra vida ante los ojos de los hombres en lugar de hacerlo delante del Señor, seremos fácilmente influenciados por la presión y la confusión. Dios, en cambio, nos guiará fielmente a toda la verdad si somos guiados por su Espíritu, como a todos sus hijos verdaderos (véase Romanos 8:14).

Debemos juzgar el fruto de una obra antes de profesarle nuestra devoción, sin reparar en cuán «bíblica» pueda parecer. El Señor nunca dijo que conoceríamos a los hombres o sus obras por lo bíblicos que fuesen. Su verdadera naturaleza solo puede descubrirse por su fruto. ¿Es el fruto del árbol de la vida o del árbol del conocimiento? No importa cuánto «bien» parezca lograr una obra, el árbol del conocimiento tiene sus raíces tanto en el bien como en el mal. Si el fruto no es Jesús, no es la vida.

La mayoría de los errores doctrinales se derivan de un énfasis excesivo en los pasajes bíblicos aislados. Por eso mismo Pablo exhortó a Timoteo a emplear **« …rectamente la palabra de verdad» (véase 2 Timoteo 2:15 NVI).** El Salmo 119:160 dice: **«La suma de Tu palabra es verdad…».** Debemos ver integralmente las Escrituras para interpretarlas en forma correcta. Muchas cosas en la Palabra escrita parecen contradictorias a propósito. Por esta razón, tendemos a gravitar de una posición a otra, pasando por alto lo que no entendemos o, peor aún, racionalizándolo en función de nuestra preferencia.

Esta tendencia ha conducido a polarizaciones en casi todas las doctrinas cristianas. Solemos distraernos con los pequeños afluentes que alimentan el Río de la Vida. Solo cuando seamos capaces de ver la suma de toda la verdad, podremos comprender con precisión cualquier parte de ella. Jesús es la Suma de toda la verdad espiritual. Todas las cosas serán reunidas en Jesús (véase Efesios 1:10). Cuando perdemos nuestro enfoque en el propósito primordial de Dios de que todas las cosas se unan en su Hijo, nos distraemos con Sus propósitos menores, que luego nos encargamos de llevar a los extremos. Al contemplarle, todas las partes aparentemente inconexas del plan y propósito de Dios se unen en sobrecogedora armonía.

Caminar en la verdad no se reduce a comprender todo con exactitud; es permanecer en Quien *es* la Verdad. Crecer espiritualmente, más que acumular conocimiento, implica que **«crezcamos en todo en** *(Él)***... » (véase Efesios 4:15 RVR-1960).** El engaño no consiste tan solo en malinterpretar una doctrina; es *no estar en Su voluntad.* El cuerpo de Cristo no debe ser un conglomerado de muchos fragmentos que no encajan; es un organismo vivo y funcional compuesto por diferentes partes que contribuyen al todo. El verdadero cuerpo de Cristo no está, y nunca estuvo dividido. **«Puesto que el pan es uno, nosotros, que somos muchos, somos un cuerpo; porque todos participamos de aquel mismo pan» (1 Corintios 10:17).**

El orgullo de la simiente de Caín

La construcción de la Torre de Babel es una ilustración profunda del orgullo de la simiente de Caín. Los habitantes de Babel realmente creyeron que podían alcanzar el cielo en sus propias fuerzas. **«...Edifiquémonos [. . .] hagámonos...» (véase Génesis 11:4).** Esto hace eco a la tentación de la serpiente a Eva: que podría llegar a ser como Dios sin contar con Dios. A partir del éxito que tuvo entonces, Satanás ha podido mantener al hombre rendido devotamente a esta insensatez.

El hombre ha doblado su rodilla ante muchos ídolos de manera alarmante, pero siempre teniendo un dios: él mismo. La serpiente tentó al hombre para que este siguiera su propio camino, y desde ese día el ser humano ha estado resuelto a hacer precisamente eso. Dicha inclinación a la independencia trajo la muerte al mundo y ha sido su fuerza propagadora. Es un reflejo de la propia inclinación de Satanás. El profeta Isaías describió la jactancia del «rey de Babilonia», el cual es una personificación del Maligno:

...SUBIRÉ al cielo, por encima de las estrellas de Dios LE-VANTARÉ mi trono, y me SENTARÉ en el monte de la asamblea, en el extremo norte.

SUBIRÉ sobre las alturas de las nubes, ME HARÉ semejante al Altísimo (véase Isaías 14:13-14).

Esta actitud de poder alcanzar el perfeccionamiento personal prevalece en todas las religiones y filosofías del mundo, excepto en una: el verdadero cristianismo. El modelo de ser una persona que sale adelante por sí misma está tan generalizado, que muchos cristianos sinceros y devotos pueden no ser conscientes de hasta qué punto este espíritu gobierna sus vidas. ¡Algunos hemos sido tan engañados que, no solo pensamos que podemos convertirnos en lo que «deberíamos ser», sino también hacer lo mismo con los demás!

La ironía es que el Señor quiere que subamos al cielo; Él quiere que nos sentemos en el monte de la asamblea; Él quiere levantarnos por encima de las nubes y que seamos como Él (que tengamos Su naturaleza). Pero solo Él *puede* lograr esto por nosotros (y lo hizo a través de su Hijo). La estrategia principal de Satanás a lo largo de los siglos ha sido tentar al hombre a aferrarse, por su cuenta, a lo que el Señor finalmente pretende darle. La victoria de Jesús sobre Satanás se consumó cuando Él **«...no consideró el ser igual a Dios como algo a qué aferrarse» (véase Filipenses 2:6),** sino que se humilló a sí mismo, confiando en que el Padre le exaltaría en el momento apropiado.

CAPÍTULO 6

LA ANTÍTESIS DE BABILONIA

El Señor confundió la lengua de toda la tierra en Babel, para que las personas ya no pudieran entenderse y cesaran de construir la torre de la vanidad. En el día de Pentecostés, cuando Dios bautizó por primera vez a los hombres en su Espíritu Santo, le dio una señal al mundo de que su Iglesia sería la antítesis de la Torre de Babel. Mientras que los lenguajes del hombre se confundieron en Babel, en Pentecostés todos los hombres pudieron entender una lengua común por primera vez desde el caótico episodio del Génesis. Escucharon, por medio de esa lengua en común, el testimonio de los **«grandes hechos de Dios» (véase Hechos 2:11 RVA-2015),** en contraposición a las obras inútiles del hombre, tipificadas por la torre.

Naturalmente, el regalo a través del cual la multitud en Pentecostés escuchó el testimonio de las obras de Dios, fue el don de lenguas. No es de extrañar que este fuese el más polémico y debatido de los dones del Espíritu. Su propósito y uso práctico es muy difícil de entender para el hombre natural. Para el hombre espiritual, resulta ser la lengua de Dios, que penetra todas las fachadas hasta tocar al hombre interior. La lengua del Espíritu da testimonio de Jesús, la Palabra viva (*del griego 'logos'*) de Dios, en quien todos los hombres se congregarán algún día en perfecta unidad. Nunca seremos capaces de alcanzar esta verdadera armonía hasta que dejemos nuestra propia lengua, para hablar la de Dios.

Al decir una lengua *en común*, no me refiero a un idioma como el inglés, el francés o el alemán. Es posible que todos hablemos español y, aun así, no nos entendamos bien. La misma palabra puede significar cosas radicalmente distintas a personas diferentes. Por ejemplo, la palabra «familia» puede evocar sentimientos de calidez, amor y buenos momentos para algunos, pero recuerdos de maltrato, miedo y tragedia para otros.

Alguien dijo una vez: «No vemos el mundo como es, sino como somos». Podemos usar las mismas palabras, incluso el mismo acento, y no ser capaces de entendernos todavía, hasta que conseguimos ver desde la misma perspectiva. Y la única forma de lograr eso es dejando de lado nuestros propios puntos de vista, muriendo a ellos, para empezar a apreciar todas las cosas desde la perspectiva del Espíritu Santo. La razón principal por la que se nos ha concedido que el Espíritu Santo more en nosotros, es para cambiar nuestra perspectiva, de modo que podamos ver con Sus ojos, oír con Sus oídos y entender con Su corazón. Solo entonces será posible llegar a la verdadera unidad.

El juicio del Señor sobre Babilonia al dispersar los idiomas no tenía como objeto condenar, sino preservar a los hombres hasta que pudieran alcanzar su redención. Únicamente a través de Jesús podemos estar verdaderamente unidos. El Espíritu Santo fue dado para revelar cuán desesperadamente necesitamos un redentor, y testificar que dicho Redentor es Jesús. Ni el tamaño del celo ecuménico ni las buenas intenciones pueden unir a los hombres si no lo hace el Salvador.

Nuestra unidad solo se puede dar por medio de Él y en Él. Cuando Él sea exaltado en verdad, atraerá a todos los hombres a sí mismo. Jesucristo es el único común denominador a través del cual puede existir comunicación y relaciones genuinas entre los hombres y, lo que es más importante, entre estos y su Creador. Solo a través de Él podemos entendernos verdaderamente, a nosotros mismos, a los demás, y al Padre.

El Señor oró por su Iglesia antes de la crucifixión, **«para que todos sean uno. Como Tú, oh Padre, estás en Mí y Yo en Ti, que también ellos estén en Nosotros, para que el mundo crea que Tú me enviaste» (Juan 17:21).** La institución religiosa que el mundo ha tratado de construir se está degenerando hacia una confusión creciente, tal como ocurrió con su predecesora en Babel. La iglesia que el Señor está edificando asombrará un día al mundo con su unidad. Será una unidad que trascienda las alianzas y los acuerdos; la que solo puede provenir de la armonía con Aquel que sustenta todas las cosas con la palabra de Su poder.

Esta unidad no se da procurándola; viene solo por *buscar al Señor*. Podemos llegar a obtenerla sin advertirlo siquiera, porque nuestra atención no está en nosotros mismos, sino en Él. Aunque la unidad por sí misma puede incluso convertirse en un dios falso, sabremos que es genuina porque *vendrá*, si buscamos al Señor.

La respuesta de Jesús cuando la gente le preguntó: **«¿Qué debemos hacer para poner en práctica las obras de Dios?»** fue muy directa: **«Esta es la obra de Dios: que crean en el que Él ha enviado» (véase Juan 6:28-29).** Jesús es la obra consumada de Dios. Él fue el comienzo y es el fin de la obra de Dios, el Alfa y la Omega.

Tras entender esto, el apóstol Pablo tuvo un propósito único en mente para su ministerio: **«A Él [...] proclamamos, amonestando a todos los hombres, y enseñando a todos los hombres con toda sabiduría, a fin de poder presentar a todo hombre perfecto en Cristo. Con este fin también trabajo, esforzándome según Su poder que obra poderosamente en mí» (Colosenses 1:28-29).** Jesús es la obra de Dios. Todo lo que Dios hace se encuentra en Cristo, así como el fin último de todas las cosas se concretará en Él.

A Jesús se le llama **«el Principio de la creación de Dios» (véase Apocalipsis 3:14).** Al concebir toda la creación que dio a luz, el Padre pensaba primero en su Hijo. Jesús es todo lo que el Padre ama y estima. Él es su deleite y la representación exacta de Su naturaleza. El Padre ama al Hijo por encima de todo, y el Hijo ama por sobre todas las cosas al Padre. El Espíritu Santo es la personificación y el poder de este amor. El Padre anhelaba a su Hijo en todo lo creado. Él anhela hoy a su Hijo en nosotros.

Porque en Él fueron creadas todas las cosas, tanto en los cielos como en la tierra, visibles e invisibles; ya sean tronos o dominios o poderes o autoridades; todo ha sido creado por medio de Él y para Él.

Y Él es antes de todas las cosas, y en Él todas las cosas permanecen.

Él es también la cabeza del cuerpo que es la iglesia. Él es el principio, el primogénito de entre los muertos, a fin de que Él tenga en todo la primacía.

Porque agradó al Padre que en Él habitara toda la plenitud,

y por medio de Él reconciliar todas las cosas consigo, habiendo hecho la paz por medio de la sangre de Su cruz, por medio de Él, repito, ya sean las que están en la tierra o las que están en los cielos (Colosenses 1:16-20).

La labor de los apóstoles no contempló como prioridad persuadir a las iglesias para que cumplieran con ciertas doctrinas; su enfoque estaba en que Cristo se formara en los creyentes. Pablo habló a los gálatas al respecto: **«Hijos míos, por quienes de nuevo sufro dolores de parto hasta que Cristo sea formado en ustedes» (Gálatas 4:19).** Este es el propósito de todo ministerio verdadero: que Cristo sea formado. Jesús es la obra consumada. ¡Nuestro objetivo no es tanto la formación, sino la TRANSFORMACIÓN! La meta de todo lo que hacemos es llegar a ser como Él y hacer las obras que Él hizo.

Nos dio a conocer el misterio de Su voluntad, según la buena intención que se propuso en Cristo, con miras a una buena administración en el cumplimiento de los tiempos, es decir, de reunir todas las cosas en Cristo, tanto las que están en los cielos, como las que están en la tierra (Efesios 1:9-10).

«Lo que es nacido de la carne, carne es, y lo que es nacido del Espíritu, espíritu es» (Juan 3:6). Solo el Espíritu de Dios puede manifestar a Cristo. Aun las mejores intenciones humanas producirán lo que es de la carne. Lo mejor que el hombre puede ofrecer sigue enraizado en el árbol del conocimiento. Debido a ello, Pablo explicó a los atenienses: **«ni (Dios) es servido por manos humanas...» (véase Hechos 17:25).** Y Jesús testificó: **«Pero la hora viene, y ahora es, cuando los verdaderos adoradores adorarán al Padre en espíritu y en verdad; porque ciertamente a los tales el Padre busca que lo adoren. Dios es espíritu, y los que lo adoran deben adorar en espíritu y en verdad» (Juan 4:23-24).** Seremos adoradores en la medida en que estemos dispuestos a que Su Espíritu obre a través de nosotros.

La verdadera visión espiritual

Muchos de los que nacen de nuevo y son bautizados en el Espíritu Santo no reflejan ningún cambio en su estilo de vida. Aunque los patrones de conducta externos pueden haber cambiado, continúan más aferrados al ámbito material. Esto puede obedecer a la forma en que se relacionan con Jesús. Hay una tendencia a seguir tratándolo como «el hombre de Galilea». Jesucristo ya no es solo un hombre. Cristo *fue* y *es* Espíritu en toda su plenitud. Tomó la forma de siervo y se hizo hombre por un breve tiempo, abriéndonos el camino para que le conozcamos por y a través del Espíritu.

La Escritura declara que somos cambiados por la forma en que contemplamos Su gloria (véase 2 Corintios 3:18). Admirarlo como a un hombre natural aporta poco para transformarnos en la nueva creación que Él nos llamó a ser. El Señor dijo a Caifás: **«...desde ahora** (*o de ahora en adelante*) **verán al Hijo del Hombre sentado a la diestra del Poder, y viniendo sobre las nubes del cielo» (véase Mateo 26:64).** Jesús se refería a que, después de Su crucifixión, le veríamos *en el poder de Su resurrección*. A verlo a la luz de este contexto, entenderemos con profundidad por qué no **«...es servido por manos humanas...» (véase Hechos 17:25).**

Incluso a sus discípulos más cercanos les costó reconocerle después de su resurrección. Todavía dependían más de Su apariencia física que de Su naturaleza espiritual. Consciente de esto, el Señor les dijo antes de su crucifixión que era conveniente que se fuera, para que su Espíritu pudiera ser enviado (véase Juan 16:7). Históricamente, los hombres han tenido la tendencia a conocerle según la carne, en lugar de hacerlo en el Espíritu. ¡Jesús no puede reducirse a una percepción de los sentidos naturales! Nunca podremos relacionarnos adecuadamente con Él valiéndonos solo de nuestros ojos y una mente limitada. Él solo puede ser percibido a través del Espíritu. El desafío del Señor a Felipe sigue siendo apropiado para la iglesia de hoy: **«¿Tanto tiempo he estado con ustedes, y todavía no me conoces, Felipe? ...» (véase Juan 14:9).**

En el monte de la transfiguración, tenemos el vívido ejemplo de un encuentro entre el Cristo glorificado y los hombres cuya naturaleza carnal de Caín aún no ha sido transformada. Mateo 17:1-8 dice lo siguiente:

Jesús tomó con Él a Pedro, a Jacobo y a Juan su hermano, y los llevó aparte a un monte alto.

Delante de ellos se transfiguró; y Su rostro resplandeció como el sol y sus vestiduras se volvieron blancas como la luz.

En esto, se les aparecieron Moisés y Elías hablando con Él.

Entonces Pedro dijo a Jesús: «Señor, bueno es que estemos aquí; si quieres, haré aquí tres enramadas, una para Ti, otra para Moisés y otra para Elías».

Mientras estaba aún hablando, una nube luminosa los cubrió; y una voz salió de la nube, diciendo: «Este es mi Hijo amado en quien Yo estoy complacido; óiganlo a Él».

Cuando los discípulos oyeron esto, cayeron sobre sus rostros y tuvieron gran temor.

Entonces Jesús se les acercó, y tocándolos, dijo: «Levántense y no teman». Y cuando alzaron sus ojos no vieron a nadie, sino a Jesús solo.

Después de observar la magnífica transfiguración de Jesús «*¡Pedro respondió!*». ¡Nadie se dirigió a Pedro! ¿Y qué salió de su boca? **«Bueno es que estemos aquí. . . (*HARÉ*). . . »**. ¿Le suena familiar? Es cierto, era bueno que ellos estuviesen allí, pero no por las razones propuestas por Pedro. Fue bueno que vislumbraran la gloria de su Señor. Fue bueno que atendieran a la reprensión del Padre: **«…¡óiganlo a Él! »**. No estaban allí para escuchar a Moisés (que representaba la ley) ni a Elías (que representaba a la iglesia), *¡sino para escuchar a Jesús!* Tras recibir el mandato, se registra que, **«cuando alzaron sus ojos no vieron a nadie, sino a Jesús solo».**

Este fue el propósito por el cual fueron llevados al monte: *sus ojos debían estar enfocados solo en Él.* También debemos ver al «hombre de Galilea» *transformado* en el Hijo glorificado, y escuchar en lo más profundo de nuestro ser la voz que nos exhorta a olvidar lo que podemos construir y **«Oírle a Él».**

CAPÍTULO 7

ABRAHAM

braham ofrece un marcado contraste frente a los hombres de Babel. Fue de un espíritu distinto; su confianza no estaba depositada en sí mismo, sino en el Señor. Mientras que los hombres de Babel se esforzaron por edificarse una ciudad terrenal eterna, Abraham demostró una y otra vez su disposición a renunciar a todo en la tierra, en procura de alcanzar una ciudad celestial. Dejó la casa y la familia de su padre en Ur de los caldeos, expulsó a su primogénito Ismael e incluso se mostró dispuesto a sacrificar a Isaac, el hijo que se le había prometido. En lugar de esforzarse por construir un reino para sí mismo, entregó todo al Señor continuamente, confiando en que Él resolvería todo lo relacionado con su vida. Debido a su fe, el Señor logró por Abraham todo lo que los hombres de Babel persiguieron en vano: una reputación que sería estimada por todas las generaciones y una ciudad que duraría para siempre.

Como los hombres naturales no pueden comprender realmente las cosas que son eternas, suelen ilusionarse con que no perecerán del todo, si de alguna manera conquistan la fama. Pero cuando comenzamos a descubrir al Eterno comprobamos que, ser recordados por los hombres tiene poco significado, ¡basta con ser conocidos por el Señor!

Todo el esplendor de los logros y las ciudades terrenales comienza a difuminarse a medida que percibimos la gloria del Señor. La exigencia de honor o posición por parte de los seres humanos parece ridícula. En cuanto nos acercamos a Él perdemos interés en cualquier ciudad que el hombre pueda construir, pues la que Dios ha edificado tendrá toda nuestra atención.

Abraham pudo creer en Dios, porque fue un hombre con visión espiritual; fue capaz de «ver» las cosas que el ojo natural no puede ver. Entendió, por ser un hombre espiritual, que: **«las cosas que se ven son temporales, pero las que no se ven son eternas» (véase 2 Corintios 4:18).** El espacio y el tiempo dejan de limitar nuestra visión cuando Él abre los «ojos de nuestro corazón» al ámbito eterno; el futuro se vuelve tan real como el presente. Abraham pudo ofrecer a Isaac como sacrificio porque estaba anticipando el sacrificio de Jesús, tal como el Señor mismo lo confirmó: **«Abraham, el padre de ustedes, se regocijó esperando ver mi día; y lo vio y se alegró» (Juan 8:56).**

El patriarca previó proféticamente la crucifixión y resurrección de Jesús, y comprendió que su hijo Isaac era una representación del Mesías venidero. Discerniendo esto, hizo que Isaac cargara la leña para su propio sacrificio, así como Jesús tuvo que llevar su propia cruz. Abraham supo que, así como el Hijo de Dios iba a resucitar, también lo haría su hijo (véase Hebreos 11:19).

La fe verdadera

La fe verdadera no es una receta que se pueda aprender de memoria. Tampoco un sentimiento, ni una evaluación intelectual, ni un acuerdo con ciertos principios. La fe verdadera solo puede venir acompañada de visión espiritual. El apóstol explicó que **«los ojos de** (nuestro) **corazón»** deben ser abiertos, porque **«con el corazón se cree» (véase Efesios 1:18; Romanos 10:10).** La fe verdadera es simplemente el reconocimiento de Aquel en quien creemos. La fe verdadera es conocer a Jesús. Es la capacidad de verle en el poder de Su resurrección, tal como Abraham pudo hacerlo, incluso antes de la llegada de Jesús. La fe no es solo creer en las palabras del Señor, sino creer en la Palabra misma. La fe verdadera es la facultad de ver la eternidad, que nos libera de las preocupaciones e inquietudes de este mundo, las cuales dejan de existir.

Hay principios espirituales que operan en el ámbito espiritual, así como existen leyes naturales que actúan en el ámbito natural. Estos principios espirituales obrarán en favor de cualquiera que los ponga en práctica. De hecho, hasta el poder de Satanás depende totalmente de los principios del poder espiritual establecidos por Dios. Satanás no creó los principios; Dios lo hizo. El diablo simplemente los adapta para sus propios fines. Teniendo fe en esos principios una persona puede hacer obras notables y estar entre tanto, completamente apartada de Dios. Muchos curanderos y espiritistas realizan sus maravillas mentirosas. Incluso hay cristianos sinceros que se han apartado de la fe verdadera en pro de una fe reducida a principios espirituales, leyes que pueden aprenderse y que, de hecho, pueden funcionar. Sin embargo, la fe verdadera de Dios se basa en una relación con Él, no solo en la capacidad de comprender y actuar siguiendo una receta. El uso de las fórmulas espirituales (apartados de Dios), es en realidad una base para la brujería, la cual constituye una falsa autoridad espiritual.

La diferencia entre la fe verdadera y la falsa se discierne fácilmente por el fruto. La fe verdadera está dirigida hacia Dios mismo; la otra es simplemente fe en la *propia fe* o, mejor dicho, *en la dependencia de los principios y las leyes*. La fe verdadera viene como resultado de conocer al Señor, y su fruto será el amor y la humildad. El fruto de la fe impostora siempre será el orgullo. Alimenta los deseos del hombre y no su espíritu.

Muchas de las doctrinas que hoy en día se llaman «de la fe» son el resultado de una peligrosa maniobra por parte de aquellos que todavía tienen una mentalidad terrenal. El eje central de la enseñanza en estos casos es un fuerte énfasis en las bendiciones y los logros terrenales: **«Porque los que viven conforme a la carne, ponen la mente en las cosas de la carne, pero los que viven conforme al Espíritu, en las cosas del Espíritu» (Romanos 8:5).** Pablo le advirtió específicamente a Timoteo sobre este asunto que, aún hoy, arruina la vida espiritual de muchos cristianos:

Pero la piedad, en efecto, es un medio de gran ganancia cuando va acompañada de contentamiento.

Porque nada hemos traído al mundo, así que nada podemos sacar de él. Y si tenemos qué comer y con qué cubrirnos, con eso estaremos contentos. Pero los que quieren enriquecerse caen en tentación y lazo y en muchos deseos necios y dañosos que hunden a los hombres en la ruina y en la perdición.

Porque la raíz de todos los males es el amor al dinero, por el cual, codiciándolo algunos, se extraviaron de la fe y se torturaron con muchos dolores.

Pero tú, oh hombre de Dios, huye de estas cosas, y sigue la justicia, la piedad, la fe, el amor, la perseverancia y la amabilidad.

Pelea la buena batalla de la fe. Echa mano de la vida eterna a la cual fuiste llamado (véase 1 Timoteo 6:6-12).

Ser rico o pobre en las cosas del mundo generalmente no tiene nada que ver con nuestra espiritualidad ni con la madurez de nuestra fe. Algunos piensan que es más espiritual ser pobre y rechazan los recursos que el Señor quiere darles, porque no creen que sea la voluntad de Dios para ellos. Otros, igualmente insensatos, dedican a su vida a la riqueza material, a expensas del desvío que esto representa del camino hacia los verdaderos tesoros eternos del reino. La fe genuina, se demuestra teniendo paz en cualquier circunstancia en la que el Señor nos tenga. Pablo declaró:

He aprendido a contentarme cualquiera que sea mi situación.

Sé vivir en pobreza, y sé vivir en prosperidad. En todo y por todo he aprendido el secreto tanto de estar saciado como de tener hambre, de tener abundancia como de sufrir necesidad (véase Filipenses 4:11-12).

¿Le faltó fe a Pablo cuando pasó hambre? ¿O cuando sufrió necesidad? Por su propio testimonio, sabemos que su contentamiento en ambas circunstancias fue la fe. Sea cual fuere el caso, así como debemos aprender a tener contentamiento en tiempos de necesidad, también es importante aprender a vivir en prosperidad y mantener el equilibrio. Si no podemos ser responsables con las riquezas de la tierra, ciertamente tampoco seremos capaces de administrar las celestiales. Pero si reconocemos las riquezas espirituales en Cristo, como Pablo pudo discernirlo, los tesoros de este mundo perderán todo su atractivo a nuestros ojos.

Esta fe no puede ser fingida ni invocada repitiendo citas de las Escrituras a modo de retahíla. Solo puede surgir **«...viendo al Invisible» (véase Hebreos 11:27)**, como lo hizo Moisés, cuando rechazó todas las riquezas de Egipto para seguirle.

Las promesas de Dios no han sido dadas para *hacer* y *tener*, sino para que podamos *ser* hallados en Él. Por tal razón, dichas promesas tampoco han sido destinadas a nosotros como individuos, sino a nosotros *en Cristo*, tal como lo explicó el apóstol: **«Pues tantas como sean las promesas de Dios, en Él todas son sí…» (véase 2 Corintios 1:20).** Este principio de recibir el beneficio de una promesa hecha a otra persona se ilustra en las palabras de Pablo a los Gálatas: **«Ahora bien, las promesas fueron hechas a Abraham y a su descendencia. No dice: "y a las descendencias", como refiriéndose a muchas, sino más bien a una: "y a tu descendencia", es decir, Cristo»** (Gálatas 3:16).

Pablo lo reiteró en su carta a los Efesios: **«Mi oración es que los ojos de su corazón les sean iluminados, para que sepan cuál es la esperanza de su llamamiento, cuáles son las riquezas de la gloria de su herencia en los santos, y cuál es la extraordinaria grandeza de su poder para con nosotros los que creemos, conforme a la eficacia de la fuerza de su poder»** (Efesios 1:18-19). Recibir las promesas de Dios depende de una sola cosa: recibir a su Hijo y permanecer en Él.

Cuando Satanás tentó a Jesús en el desierto, trató de convencerlo de que reclamara las promesas de Dios, por razones egoístas. Todavía hoy se vale del mismo engaño para hacer que los cristianos tropiecen. Las promesas de Dios son gloriosas y más allá de toda comprensión, pero ninguna de ellas puede tomarse independientemente de Jesús. El Señor mismo es nuestra herencia. Las promesas fueron dadas «en Él», porque todas apuntan a su gloria y sus propósitos. Fueron dadas «en Él», para que toda nuestra atención estuviera puesta en Él, no en nosotros mismos. No realizamos grandes milagros al creer quiénes somos en Cristo, sino al creer *quién es Él* en nosotros. **«En verdad les digo: el que cree en Mí, las obras que Yo hago, él las hará también; y aún mayores que estas hará, porque Yo voy al Padre»** (Juan 14:12).

La gran separación

En el sexto capítulo de Juan tiene lugar una gran separación entre las personas que seguían a Jesús. Encontramos en el versículo dos a una enorme multitud siguiéndole, porque veían las señales que Él realizaba. Otros iban detrás de él a causa de los panes que multiplicó y porque con ellos les daba de comer (véase el versículo 26). Las personas han cambiado poco; algunos todavía siguen a Jesús por los milagros; otros por la provisión, para satisfacer sus necesidades. Si un líder se propone atraer grandes multitudes para que sigan su ministerio, lo consigue realizando milagros o predicando sobre la provisión de Dios. Pero Jesús sabía que estas motivaciones resultaban superficiales y que tendrían que ser cambiadas. Era preciso trazar la línea: separar el trigo de la paja. Él los desafió: **«Trabajen, no por el alimento que perece, sino por el alimento que permanece para vida eterna, el cual el Hijo del Hombre les dará, porque a Él es a quien el Padre, Dios, ha marcado con Su sello»** (versículo 27).

La muchedumbre no entendió lo que Jesús decía: **«Entonces le preguntaron: "¿Qué debemos hacer para poner en práctica las obras de Dios?"»** (versículo 28). Nuevamente el Señor trató de corregir sus motivaciones: **«Esta es la obra de Dios: que crean en el que Él ha enviado» (versículo 29).** La respuesta del gentío fue pedir una señal y maná del cielo. Jesús respondió que Él era el Pan del cielo y que, a menos que comieran su carne y bebieran su sangre, no tendrían vida. En uno de los testimonios más tristes de la típica motivación humana, Juan registró que:

«Como resultado de esto muchos de sus discípulos se apartaron y ya no andaban con Él» (versículo 66).

No quedaron muchos cuando aquella aglomeración se redujo a aquellos que lo seguían por *Quien era* y no por lo que *podía hacer*. Los que se retiraron no eran tan solo rezagados, que participaron en la emoción de la multitud, *fueron discípulos*. ¿Cuántos quedarían si el Señor planteara hoy ese mismo desafío? Resulta difícil creer que alguna vez lo abandonaremos, así como Pedro supuso que nunca lo negaría. Pero no somos distintos. Al llegar este desafío (y llegará), ¿cuántos quedarán de la gran multitud que ahora se llaman a sí mismos discípulos? ¿Nos quedaremos?

En este punto el ministerio de Jesús cambió drásticamente. Hasta ese entonces, había dedicado la mayor parte de su atención a las multitudes; después de ello, la mayoría de sus esfuerzos se dirigieron a los doce discípulos que permanecieron con Él. Antes de este incidente, Jesús realizó milagros para que la gente creyera en Él; a partir de este momento solo realizó milagros, para aquellos que ya creían en Él.

El Señor desea bendecir a su pueblo, como cualquier padre amoroso lo hace con sus hijos. Sin embargo, cuando deseamos las bendiciones y los regalos más que a Él, surgen serios problemas. El egocentrismo es un veneno que nos mata. Por eso Él, en Su misericordia, detiene con frecuencia ciertas bendiciones cuando las recibimos de una manera que perpetúa nuestro egocentrismo. Toda la historia del antiguo Israel es un ciclo continuo de liberación, bendición, autocomplacencia, idolatría, esclavitud, opresión, humildad y búsqueda del Señor; entonces el ciclo comienza de nuevo. Ellos nunca entendieron el mensaje. ¿Lo haremos nosotros?

El Señor llama a la Iglesia a ser su esposa. ¿Cómo se sentiría cualquier marido si se enterara de que su esposa solo se casó con él por su riqueza y que piensa dejarlo si cesaran los costosos obsequios? ¿Dónde iría a parar la alegría si la esposa únicamente se comunicara con él cuando quisiere algo? Sería un matrimonio sin vida. ¿Hay vida en nuestra relación con el Señor?

Si nuestra atención estuviera puesta más en el Señor que en las bendiciones, sin duda viviríamos en medio de más bendiciones aún. La promesa es que, si buscamos primero Su reino, entonces todo lo demás nos será añadido (véase Mateo 6:33). Por supuesto que Él quiere que apreciemos nuestra herencia, pero comparados con Él, ¡todos los tesoros son insignificantes! Cuando comencemos a verle realmente, arrojaremos nuestras coronas a sus pies.

La fe y paciencia

Hebreos 6:12 nos exhorta a ser **«...imitadores de los que mediante la fe y la paciencia heredan las promesas».** Mientras que la fe ha sido un tema muy popular entre los cristianos en las últimas décadas, el otro ingrediente necesario, la paciencia, comúnmente se pasa por alto. ¿No se ha preguntado por qué tenemos este enorme «Movimiento de la Fe», pero no existe un «Movimiento de la Paciencia»? ¿No declara este versículo que ambas son necesarias para heredar las promesas? Tal descuido a veces ha resultado trágico.

La fe verdadera no se puede separar de la paciencia. La paciencia es la demostración de la fe verdadera, tal como lo demostró Abraham con su ejemplo. Sara y él no solo eran muy viejos cuando recibieron la promesa de un hijo, sino que el Señor les pidió que esperaran muchos años más, hasta que se cumpliera la promesa. En lugar de desanimarse por el paso del tiempo, su fe en Dios se fortaleció. No quedó ninguna duda de lo que el Señor hizo cuando Él, finalmente, cumplió Su promesa.

> *Abraham creyó en esperanza contra esperanza, a fin de llegar a ser padre de muchas naciones, conforme a lo que se le había dicho: «Así será tu descendencia».*

> *Y sin debilitarse en la fe contempló su propio cuerpo, que ya estaba como muerto puesto que tenía como cien años, y también la esterilidad de la matriz de Sara.*

> *Sin embargo, respecto a la promesa de Dios, Abraham no titubeó con incredulidad, sino que se fortaleció en fe, dando gloria a Dios,*

> *estando plenamente convencido de que lo que Dios había prometido, poderoso era también para cumplirlo (Romanos 4:18-21).*

La paciencia requirió que Abraham creyera cada vez más en Dios confiando en el cumplimiento de sus promesas y menos en sí mismo. El tiempo es una prueba infalible de fe. Nuestra fe se fortalecerá, independientemente de las circunstancias que hagan parecer remoto el cumplimiento de la promesa, si se trata de la fe verdadera de Dios. Si no es una fe verdadera, el tiempo la erosionará. Dios dispuso que se necesitara fe y paciencia para heredar sus promesas. El tiempo eliminará lo que no sea verdadero y fortalecerá aquello que en realidad lo sea.

El Señor comparó la fe con una semilla de mostaza. Esta es una semilla muy pequeña, que aun así puede convertirse en una enorme planta y dar fruto. Pero no debemos malinterpretarlo, porque la semilla no es el fruto. La semilla debe sembrarse, regarse y cultivarse para que llegue a ser una planta sana; solo entonces podrá dar fruto. Lo mismo ocurre con la fe. A menudo lo que entendemos como *fe*, apenas es la semilla sembrada dentro de nosotros, que todavía necesita ser regada y cultivada.

La fe verdadera de Dios puede mover montañas, resucitar muertos y curar enfermos. No obstante, se requiere gran madurez y sumisión a Dios solo para percibir la fe real, que el universo probablemente mantiene a salvo de la interferencia insensata de los cristianos inmaduros, aunque por lo general sus intenciones sean buenas. Si bien es maravilloso y emocionante cuando el Señor realiza los milagros de inmediato, aquellos que tardan un poco más en ocurrir no son menos *milagrosos*. A los discípulos les asombró cuando Jesús convirtió el agua en vino, pero el Señor transforma todos los días el agua en vino; simplemente suele tomarse un poco más de tiempo. Debió ser maravilloso ver cómo se marchitó la higuera después de que el Señor la maldijera, pero nunca ha existido un árbol que se marchitara así a menos que el Señor lo hubiere maldecido; ni tuvo una enfermedad que solo su mano pudiera curar.

La fe verdadera ve la mano de Dios en todo, sin importar la cantidad de tiempo que le tome ni la manera en que realice su obra. Elizabeth Barrett Browning escribió alguna vez: «La tierra está repleta del cielo y cada arbusto común arde con Dios. Pero solo el que ve se quita el calzado; el resto se sienta a recoger zarzamoras» (*Aurora Leigh*). La fe verdadera es verle y permanecer en Él. No hay sustitutos baratos ni fórmulas fáciles para ello. Solo sucede a medida que crecemos en nuestra relación con Él. Si buscamos la fe verdadera, debemos estar dispuestos a ser llevados mucho más allá de los límites de la capacidad humana, de modo que dependamos por completo de la capacidad de Dios.

Debido a que muchos ministerios e iglesias entendieron mal la correlación entre la fe y la paciencia han seguido la tendencia a extender sus fronteras más allá de lo que fueron llamados a hacer. Varios también tienen una mentalidad que percibe la fe como el poder de la expansión continua. Sin embargo, la verdadera fe bíblica a veces puede requerir que nos reduzcamos.

La fe verdadera queda maravillosamente demostrada por la obediencia de Felipe al dejar una ciudad conmocionada por el avivamiento, y acudir al desierto, solo para hablar con un hombre. Aunque pareciera que Felipe hizo poco a partir de este momento, la historia relata que el único hombre con el que fue a hablar sentó las bases del cristianismo en toda una nación. De hecho, el fruto a largo plazo del avivamiento en Samaria es difícil de encontrar, pero el impacto del eunuco en Etiopía continuó durante siglos.

Si las metas de nuestro ministerio se definen por su tamaño, es casi seguro que nos apartaremos de la verdadera productividad. Cuando las cifras se convierten en la fuerza motivadora, tendemos a alejarnos del ámbito de la gracia de Dios para nosotros y comenzamos a obrar en nuestras propias fuerzas. Por tal razón, muchos programas ministeriales y medios informativos están cada vez más sometidos a la proliferación de solicitudes desesperadas para recaudar dinero. Por un lado afirman depender de la fidelidad de Dios; sin embargo, nos dicen que se verán obligados a «cesar sus operaciones si no reciben pronto noticias nuestras». Probablemente debiéramos preguntarnos: «¿Qué hay de malo en eso? ¿Cómo sufriría el reino de Dios si ese ministerio cesara?».

Semejante presión desde la mendicidad por conseguir recursos ha traído mucho dolor y humillación a todo el cuerpo de Cristo. El Señor prometió que su descendencia no mendigaría pan (véase Salmos 37:25). Cuando Él ordena una obra, no faltará la provisión para realizarla. ¡Moisés tuvo que ordenar al pueblo que cesara de aportar recursos cuando pidió una contribución para construir el tabernáculo, porque le llevaron en exceso! Hay una clara desviación de la gracia de Dios en el momento que un ministerio tiene que rogar, suplicar o amenazar al cuerpo de Cristo para conseguir recursos. Mediante el apoyo a tales ministerios lo único que hacemos es perpetuar su desobediencia y presunción.

Los ejemplos bíblicos de cómo el Señor preparó a sus siervos contrastan notablemente con las tendencias actuales. Después del sueño que tuvo José, pareció que su vida estaba marcada solo por lo contrario de lo que se predijo. ¡José se convirtió en esclavo, después de ver el sol, la luna y las estrellas inclinarse ante él! ¡Tras encontrar por fin el favor de su amo, fue enviado al calabozo! Si fuera por algunas enseñanzas populares «José debió carecer de fe». La realidad, sin embargo, es que una inmensa fe se nutrió en él con cada nueva prueba. Supo que, para ser usado en los propósitos del Señor, la humildad precede a la exaltación: **«Humíllense, pues, bajo la poderosa mano de Dios, para que Él los exalte a su debido tiempo» (1 Pedro 5:6).**

Entre el punto donde recibimos la promesa y la Tierra Prometida hay un desierto, que es justo lo contrario de lo que se nos prometió. A Israel se le prometió una tierra donde fluía la leche y miel, pero ¡ni siquiera tuvieron agua en sus andanzas iniciales! En ese lugar, debieron aprender exhaustivamente sobre el fruto de su propio esfuerzo. Cuando finalmente entraron a la Tierra Prometida, recibieron casas que no construyeron, cisternas que no cavaron y viñas que no plantaron (véase Deuteronomio 6:10-11).

Hubo, ciertamente, grandes batallas que librar en esa tierra, pero la provisión llegó de Dios. Ha sido el «yo haré» del hombre lo que le ha mantenido en enemistad con los propósitos de Dios. Nunca poseeremos sus promesas hasta que el «yo haré» sea reemplazado por «Él hará», porque Él no **«es servido por manos humanas» (véase Hechos 17:25).** Las mejores intenciones y esfuerzos humanos por construir para Él no servirán verdaderamente a sus propósitos.

Ismael

Ismael fue el resultado de la falta de paciencia de Abraham mientras esperaba al Señor. Después de varios años de anhelar un hijo, Abraham comenzó a seguir su propio razonamiento, en lugar de la dirección del Espíritu. Su esposa sugirió que la mejor solución era que él se acostara con su doncella. Abraham cometió un terrible error al no buscar al Señor a ese respecto; tuvo relaciones con Agar, y ella concibió y dio a luz a Ismael. Como lo señalara más tarde el apóstol Pablo, este niño nació según la carne, no según el Espíritu. (véase Gálatas 4:23). Ismael perteneció a la simiente de Caín.

Las consecuencias de la falta de paciencia de Abraham han sido una realidad histórica devastadora. Así como desde ese momento ha existido enemistad entre árabes (los descendientes de Ismael) y judíos (los descendientes de Isaac), habrá siempre enemistad entre lo que nace de la carne y la verdadera simiente de Dios. Ismael ya se burlaba de Isaac desde que este fue destetado (véase Génesis 21:9).

Finalmente, Abraham echó a Ismael de su casa y desautorizó su herencia. Un árbol solo puede dar frutos según su propia especie. Lo que se siembra en la carne, se cosechará en la carne. Si retornamos a las artimañas de la simiente de Caín, incluso en un intento por lograr los propósitos de Dios, nos causarán, a la larga, muchos problemas.

Abraham fue elegido por Dios para realizar sus propósitos. La promesa que recibió de Dios era verdadera. Las consecuencias del método egoísta de Abraham todavía causan estragos entre naciones en el mundo actual. Los «Ismaeles» concebidos por los ministerios cristianos no han sido menos devastadores para el cuerpo de Cristo. Hay un conflicto continuo entre lo nacido de la carne y lo nacido del Espíritu.

Dios bendijo a Ismael y lo convirtió en una gran nación, porque era hijo de Abraham (véase Génesis 17:17-20). Lo hizo a pesar de saber que Ismael causaría problemas a la simiente prometida. De la misma manera, Dios bendice con frecuencia a nuestros Ismaeles espirituales, haciéndolos prosperar. El Señor los usará tanto como pueda y de hecho bendecirán a muchas personas. Pero cuando aparezca «Isaac» lo que nació de la carne debe ser expulsado. La carne no puede heredar con lo que nace del Espíritu.

Donde coexistan la carne y el Espíritu, será inevitable que la primera persiga algún día lo que nazca del Segundo. La carne debe mantener a la carne, mediante el esfuerzo propio, la mendicidad, la manipulación y la amenaza. Cuanto más deba esforzarse un ministro por mantener unida una obra, más fácilmente se sentirá intimidado por la aparición de cualquier otra persona en su dominio. Ejemplos de dicha situación son evidentes por todo el cuerpo de Cristo. En cambio, el Señor exhortó a que conociéramos la «simiente verdadera» por medio del amor mutuo.

CAPÍTULO 8

EN BUSCA DE UNA CIUDAD

Abraham dejó la única tierra que conoció, en respuesta al llamado de Dios. No sabía a dónde se dirigía, pero sí cuál era su anhelo: «esperaba la ciudad que tiene cimientos…» (véase Hebreos 11:10).

Forma parte de la naturaleza del llamado de Dios separarnos de todo lo que hemos conocido y sobre lo cual hemos construido nuestra vida. Es el llamado a vivir solo por la fe en Él. Únicamente a través de esta fe podemos servirle de una manera que le agrade (véase Hebreos 11:6). Su reino no pertenece a este mundo. Él es Espíritu y si vamos a servirle, debemos hacerlo en el Espíritu. La fe es la puerta que Él nos ha proporcionado para ingresar al ámbito espiritual. A medida que aumente nuestra fe en el Señor, comprobaremos que Él es más real que el mundo y que sus agentes influenciadores. La eficacia de nuestro servicio a Él será proporcional a nuestra determinación; se corromperá en la medida en que nos afecten las influencias externas.

Cuando los seguidores de Jesús le preguntaron qué debían hacer, su respuesta fue clara: **«Esta es la obra de Dios: que crean en el que Él ha enviado» (véase Juan 6:29).** Nuestro llamado fundamental, es a creer. Pero esta fe no es ciega, ni ingenua; está llena de visión y entendimiento. Abraham no supo a dónde iba, pero tenía absolutamente claro lo que deseaba conseguir, y también nosotros deberíamos saberlo. El patriarca esperaba una ciudad específica, la que tiene «cimientos». Fuimos llamados a formar parte de la misma ciudad.

Nuestro llamado tiene cimientos; *sustancia*. La fe por la cual vivimos también tiene sustancia, y la «ciudad» que fuimos llamados a habitar es más sustancial que todas las obras inútiles del hombre. Si nos conformamos con menos, no se trata de la fe verdadera ni de la ciudad que Dios construyó.

Los cimientos espirituales

Existe un principio fundamental en la construcción: el tamaño y la resistencia de cualquier edificio estarán determinados por el tamaño y la resistencia de sus cimientos. Si un hombre va a construir una casa o un edificio pequeños, algunas zapatas poco profundas pueden resultar suficientes como cimientos. Pero debe hacer algo más si planea construir un edificio grande y fuerte. Tendrá que cavar hasta una profundidad suficiente para encontrar el lecho de roca, y aun así no habrá terminado. Deberá introducir pilotes en el lecho rocoso y fijarlos firmemente a éste. Si no lo hace, el edificio puede hundirse, inclinarse o derrumbarse por su propio peso.

Los mismos principios son aplicables a los asuntos espirituales. Debemos construir hacia abajo antes de poder edificar hacia arriba. El grado de paciencia que tengamos para construir hacia abajo determinará la grandeza de lo que se pueda forjar hacia arriba. Las ruinas de los ministerios, iglesias y personas que no lograron sentar los cimientos adecuados dan testimonio de la seriedad de este asunto.

Albert Einstein hizo alguna vez una observación que podría ser más importante que su teoría de la relatividad. Afirmó de manera simple pero profunda que «la responsabilidad prematura engendra superficialidad». El Señor Jesús también lo declaró. Dijo que las semillas que brotan demasiado rápido tendrán raíces poco profundas. Llevando la contraria a esta sabiduría, con frecuencia estimamos más a aquellos que se desarrollan más rápido. El resultado ha sido un grave debilitamiento de muchos en el cuerpo de Cristo.

Es crucial que nos tomemos el tiempo y la energía para sentar correctamente los cimientos, pero será de poca utilidad si no ponemos las bases adecuadas. Poco después de mi conversión, me encontré en una congregación que hacía énfasis en la revelación del *cuerpo de Cristo*. Esta es un aspecto doctrinal importante, además de emocionante, por lo que comencé a construir mis cimientos en ello. Agregué muchos otros aspectos de la verdad cristiana a mi vida, pero mi énfasis estaba en *la iglesia*. Mi «edificio» se hizo cada vez más grande y mi ministerio creció rápidamente. . . ¡Entonces todo comenzó a inclinarse! Supe que algo andaba mal, pero no podía descifrar qué era. Todo parecía bíblico y no había un pecado grave en mi vida, pero tuve que esforzarme cada vez más para evitar que todo se derrumbara.

El Señor reveló, a través de un sabio consejo, que mis principios fundamentales eran genuinos y rectos, pero se suponía que debían formar parte del edificio, ¡no del cimiento! Estuve edificando sobre las cosas del Señor en lugar de edificar *sobre el Señor mismo*. Me dediqué a adorar el templo del Señor, la iglesia, en lugar de adorar al Señor del templo. Esto me hizo desviar a los extremos. El apóstol Pablo explicó:

Pues nadie puede poner otro fundamento que el que ya está puesto, el cual es Jesucristo (1 Corintios 3:11).

Por maravillosas que sean las revelaciones de Dios, solo hay UN fundamento: Jesús. Si construimos sobre cualquier otra verdad, las presiones de la vida espiritual nunca se podrán soportar. Tarde o temprano se desmoronarán y colapsarán.

Muchas doctrinas que se enseñan en la actualidad se han desviado hacia los extremos. Estas doctrinas a menudo comenzaron como revelaciones oportunas y, en la mayoría de los casos, los errores cometidos no fueron inherentes a las doctrinas. El problema radicó en intentar construir sobre cimientos inadecuados. Algunas personas se las arreglaron para avanzar bastante, a punta de pura tenacidad, antes de que toda la estructura colapsara. Otros reconocieron más temprano que algo andaba mal y sabiamente comenzaron de nuevo sobre la base correcta.

El énfasis específico de una congregación se encuentra, comúnmente, en su fundamento. Los apóstoles y predicadores del Nuevo Testamento tuvieron un solo mensaje: Jesús. Predicaron todas las doctrinas que se enseñan hoy en día y tal vez algunas más; sin embargo, todo su mensaje se basó en Aquel **«en quien están escondidos todos los tesoros de la sabiduría y del conocimiento» (Colosenses 2:3).** En un sentido más amplio, Jesús no es solo el cimiento; ¡Él es todo el edificio! Todas las cosas se deben reunir en Él. La madurez espiritual no es solo crecer en el conocimiento de ciertas verdades espirituales: **«…creceremos en todos los aspectos en Aquel que es la cabeza, esto es, Cristo» (véase Efesios 4:15).**

La labor de los apóstoles fue dedicada a que Cristo se formara en su pueblo. Hay una gran diferencia entre dicha labor y tratar de que las personas se sometan a ciertas verdades espirituales. El historiador Will Durant señaló la diferencia entre Jesús y César: El segundo buscó transformar a los hombres, cambiando las leyes e instituciones; Jesús cambió las leyes y las instituciones, transformando a los hombres. Enfatizar en lo externo puede producir una forma de piedad, pero en realidad niega el poder de Dios. Cualquier énfasis que se anteponga a la Persona de Jesús conducirá a un ritual sin vida. Debemos verlo todo a través de Él. Mientras tratemos de verlo a través del lente de nuestras propias doctrinas, también nuestra perspectiva *de Él* se distorsionará.

Jesús dio a las multitudes lo que buscaban cuando tuvieron hambre. Tomó panes, los partió y se los dio a la gente. Después de haber comido, solo quedaron los pedazos sobrantes (véase Juan 6:11-12). Esto es, en cierto sentido, una imagen de la iglesia. Hemos participado de muchos panes (o énfasis) distintos y lo único que ha quedado son fragmentos. Así como Jesús trató de dirigir la atención de la multitud hacia el único Pan, Él mismo, también trata de redireccionar nuestra atención, de las diversas doctrinas hacia Él. **«En él todas las cosas permanecen» (véase Colosenses 1:17).**

En Cristo, todas las doctrinas válidas se encuentran en perfecta armonía. Incluso las más grandes verdades espirituales dejarán a la iglesia en pedazos, cuando se enseñen como extremos aislados. Vistas a través de Él, las doctrinas adoptan su perspectiva y equilibrio apropiados y pueden enseñarse sin crear división. **«Dios, habiendo hablado hace mucho tiempo, en muchas ocasiones y de muchas maneras** (los panes) **a los padres por los profetas, en estos últimos días nos ha hablado por Su Hijo** (el único Pan) **. . . » (véase Hebreos 1:1-2).**

De nuevo vemos esta verdad ilustrada en la reacción de Marta a la muerte de su hermano Lázaro. Marta entendía con precisión la doctrina de la resurrección. Sabía que su hermano resucitaría el último día, pero su esperanza estaba en la doctrina de la resurrección, no en Jesús. Él redirigió su esperanza, diciendo: **«Yo soy la resurrección» (véase Juan 11:25).** Pero Él no es solo la resurrección: *Es la Verdad*; Él es toda la verdad. Es la revelación de Dios, proveniente de Dios. Él es «YO SOY».

Si la doctrina se convierte en nuestro énfasis, nos desviamos. La doctrina no nos cambia; somos transformados al contemplar a Jesús (véase 2 Corintios 3:18). Siempre que una verdad se convierta en nuestro enfoque, esta nos distraerá, aunque las enseñanzas ungidas sean esenciales para nutrir la naturaleza de Cristo que se forma en cada uno de nosotros. Por este motivo, Satanás viene con frecuencia como un ángel de luz o «mensajero de la verdad». La verdad puede engañarnos. Hay vida solo *en la Verdad, Jesús*. Él no vino solo para enseñarnos la verdad; Él vino para *ser la Verdad*.

En Éxodo 33:8-11 vemos que Moisés habla con el Señor en la tienda de reunión. Una columna de nube desciende y Dios conversa con el líder cara a cara, como un hombre habla con su amigo. Fue una visión tan asombrosa que todo el pueblo se levantó y adoró, cada cual a la entrada de su tienda, mientras se desarrollaba este encuentro. Al regresar Moisés al campamento, Josué (quien en ese momento era su ayudante personal) no se había apartado de la tienda de reunión. Josué se quedó para desarrollar su propia relación con el Señor. Ser el compañero más cercano de un hombre de Dios no era suficiente para él; tenía que conocer al Señor por sí mismo. Tal vez fue por esta razón que Josué fue elegido para conducir a Israel a la Tierra Prometida.

Cuando interactuamos con un gran hombre o una gran mujer de Dios, existe el peligro de adormecernos espiritualmente. Por eso, muchas de las grandes obras del Señor en instituciones, escuelas, iglesias y misiones terminan con la muerte de sus fundadores. Tras la muerte de Josué, a Israel solo le tomó una generación caer en la decadencia espiritual.

Asimismo, pocos avivamientos o corrientes duran más de una generación después del mover inicial del Espíritu. La razón principal de ello es que los hombres (o las doctrinas), se convierten en el cimiento sobre el cual se basa el movimiento. El mover del Espíritu perdurará solo cuando Jesús sea el cimiento. El Espíritu vino a testificar de Jesús, no de sus ministros o doctrinas, ¡sino de Jesús! Mientras recurramos a cualquier otra cosa, nos vamos a dispersar rápidamente por callejones laterales que nunca nos llevarán a la vida.

Antes de que Jesús enviara a alguno de los doce que escogió para ministrar, primero los llamó a que estuvieran con Él (véase Marcos 3:13-14). No los envió al mejor instituto bíblico ni los obligó a tomar un curso por correspondencia. Él dijo: **«Vengan en pos de Mí»**. La luz en Él vendría a ser la luz *en ellos*. Este sigue siendo su llamado a aquellos que habrán de ser sus discípulos: **«Vengan en pos de Mí»**. Debemos responderle como lo hizo la criada sulamita, que es un tipo de la novia de Cristo, en el Cantar de los Cantares, de Salomón.

> *Dime, amado de mi alma: ¿Dónde apacientas tu rebaño? […] ¿Por qué he de ser yo como una que se cubre con velo junto a los rebaños de tus compañeros? (Cantares 1:7).*

Tan solo Jesús es el mediador entre Dios y el hombre (véase 1 Timoteo 2:5). **«…La cabeza de todo hombre es Cristo…» (véase 1 Corintios 11:3)**. Los líderes y ministros que Él da a su Iglesia nunca deben ocupar su lugar; son puestos ahí para guiarnos a Él. El Señor dispuso que hubiera ancianos y pastores, pero se les exhorta a que «apacienten la grey de Dios» (véase 1 Pedro 5:2), no a establecer sus propios rebaños.

A lo largo de la historia de la iglesia han existido siempre los que se convierten en velos entre el Señor y su pueblo, tratando de consolidar su propio rebaño de creyentes. El Señor, previendo esto, prometió que cuando reuniera a su pueblo, serían **«un rebaño con un solo pastor» (véase Juan 10:16).** El ministerio de aquellos que son verdaderas sombras del Pastor no es establecer su propia autoridad sobre el pueblo del Señor, sino la Suya. Aquellos que usan este ministerio para establecer sus propios dominios ignoran la clara advertencia del Pastor Principal:

Pero ustedes no dejen que los llamen Rabí; porque Uno es su Maestro y todos ustedes son hermanos.

Y no llamen a nadie padre suyo en la tierra, porque Uno es su Padre, el que está en los cielos.

Ni dejen que los llamen preceptores; porque Uno es su Preceptor, Cristo. Pero el mayor de ustedes será su servidor.

Y cualquiera que se engrandece, será humillado, y cualquiera que se humille, será engrandecido (Mateo 23:8-12).

El verdadero ministerio

Juan el Bautista es un maravilloso tipo o modelo del verdadero ministerio. El enfoque de toda su misión era revelar a Jesús. Fue su deleite empequeñecer, a medida que Jesús era engrandecido. Debido a esa humildad, fue grandemente exaltado por el Señor mismo, quien declaró que Juan era el hombre más grande jamás nacido de mujer (véase Mateo 11:11). Cuando lo hemos visto y dado testimonio del Hijo de Dios, como lo hizo Juan, es un deleite empequeñecer en nuestros ministerios a medida que Él crece y es engrandecido. Todo el trabajo espiritual tiene como propósito que Cristo sea formado en su pueblo y no hay mayor gozo que presenciar este suceso. Se trata del sello y testimonio de que hemos permanecido en la Vid para dar fruto. Los verdaderos amigos del Esposo se regocijan de ver su día, incluso si esto llegara a significar el fin de sus propios ministerios.

Juan el Bautista exhortó a sus discípulos cuando vio pasar a Jesús: **«Ahí está el Cordero de Dios» (véase Juan 1:36).** Al escuchar esto, Juan y Andrés, dejaron al Bautista y comenzaron a seguir a Jesús. El Señor, cuando notó que le seguían, se volvió y les hizo, quizás, la pregunta más importante que debamos considerar: **«¿Qué buscan? » (versículo 38).** Todos tendremos que responderla tarde o temprano. *¿Por qué le seguimos?*

Juan y Andrés respondieron con otra pregunta, pero posiblemente fue la respuesta más apropiada: **«Señor, ¿dónde te hospedas?» (versículo 38).** Jesús, entonces, los invitó, quizás por medio de alguna seña, para que hicieran lo que ha sido el deseo del corazón de todo el que busca a Dios genuinamente desde Enoc: **«Vengan y verán…» (versículo 39).** No tenemos que conformarnos con leerlo o escuchar los testimonios de quienes experimentaron el privilegio de la intimidad con Dios; Jesús vino para ofrecer a cada uno de nosotros que le siguiéramos y que viéramos por nuestra cuenta dónde vive. Esta morada no es un lugar físico; Él se refería al reino de Dios.

Andrés se convirtió al día siguiente en el primer evangelista de la historia. Encontró a su hermano Simón Pedro y le declaró que Jesús era el Mesías (véanse los versículos 41 y 42). No trató de convencer a Simón con un largo discurso de las Escrituras; ni siquiera compartió con él las cuatro leyes espirituales; simplemente **«lo trajo a Jesús»"** **(véase Juan 1:42).**

Si somos guiados a Jesús y no solo a la iglesia o a una doctrina, hemos llegado al único cimiento verdadero. Entonces, al igual que la fe de Pedro, nuestra fe crecerá. Pedro fue un pescador sencillo y sin educación, pero se presentó ante los hombres más poderosos e ilustrados de su nación y los asombró con su autoridad y dignidad. La fe de Pedro no se basaba en una enseñanza o en su participación en una institución: *conoció a Jesús*. No existe fórmula que pueda entregarse para la salvación; se trata de una Persona. La verdad no es solo una teología sistemática, *es Jesús*. Él vino a ser nuestra Vida. Él es el deseo más profundo del corazón humano. Solo en Él comenzamos a vivir realmente.

CAPÍTULO 9

JACOB Y ESAÚ, RUBÉN Y JOSÉ

«…Yo amé a Jacob, y aborrecí a Esaú…» (véase Malaquías 1:2-3).

Para muchos creyentes es difícil entender este pasaje de las Escrituras. ¿Por qué el Señor favorecería a un conspirador que miente, hace trampa y engaña como Jacob, por encima de un buen tipo como Esaú, que amaba y obedecía a sus padres y parecía ser un hombre piadoso? A primera vista resulta incoherente. Pero Dios no mira el carácter externo; Él mira el corazón.

Quizás en lo exterior Esaú pudo mostrar una personalidad fuerte, pero era débil de espíritu. Demostró estar más preocupado por la satisfacción inmediata de su apetito que por su herencia eterna en Cristo. Siendo el primer hijo de Isaac ¡cambió su primogenitura por un simple plato de estofado! Cuando nos damos cuenta de la profunda ofensa que representaba esto para Dios y el valor de su llamado a la simiente elegida, no podemos menos que escandalizarnos. Pero debería sorprendernos aún más hasta qué punto ha prevalecido esta misma naturaleza, reconocible incluso hoy en día, en la mayoría de nosotros.

El Señor Jesús compró con su propia sangre la oportunidad para que pudiéramos presentarnos confiadamente ante el trono mismo de Dios. ¡Nosotros también, al igual que Esaú, ignoramos con frecuencia este privilegio a cambio de la gratificación inmediata de nuestra carne! ¿Con qué regularidad preferimos pasar más tiempo ante programas inútiles de televisión, que en la Palabra de Dios o en la oración? Un sinfín de distracciones semejantes pueden alejarnos fácilmente hasta de las disciplinas espirituales más básicas, ¡distracciones que, en muchos casos, valen menos, incluso, que un estofado! ¿Cómo podemos arrojar piedras a Esaú? ¿Cuántos de nosotros vivimos una vida que ofende por igual la gracia de Dios? ¿Estamos cambiando irreflexivamente nuestra primogenitura eterna en Cristo por una gratificación carnal que a fin de cuentas es solo temporal?

La lucha con Dios

Jacob, en contraste con Esaú, valoró tanto la primogenitura, que arriesgó su vida para conseguirla. En muchos sentidos, pudo haber sido más carnal que Esaú, pero su corazón ardió por esa herencia espiritual. Estuvo decidido a alcanzar la bendición de Dios, incluso aunque tuviera que luchar con Dios para obtenerla (véase Génesis 32:24-32).

Luchar con Dios por rebeldía es una necedad. Luchar con Él *por nuestra herencia* requiere de una determinación que Él anhela ver en nosotros. Jacob decidió que se aferraría al Señor y no lo soltaría hasta recibir la bendición. ¡Cuán contrario es esto a la forma en que a menudo buscamos a Dios! Él mismo exhorta a través de Jeremías: **«Me buscarán y me encontrarán, cuando me busquen de todo corazón» (Jeremías 29:13).**

Aunque el Señor quiere que le busquemos y hallemos, nos causaría un gran perjuicio si sus bendiciones se obtuvieran con demasiada facilidad. Esto solo alimentaría nuestra negligencia. En más de una ocasión Él mismo se torna más difícil de encontrar, por lo que tenemos que buscarle con mayor diligencia.

En cierto modo, el Señor es como el padre que enseña a su hijo a caminar retrocediendo, para que el niño tenga que dar más pasos para alcanzarlo. Él quiere atraernos a un lugar donde le busquemos todo el tiempo, con todo nuestro corazón. Pero solemos darnos por vencidos y en lugar de dar más pasos, nos sentamos, sin lograr alcanzarle.

Dios no quiere que dejemos de buscarle hasta que le encontremos. Quiere responder todas nuestras oraciones. La respuesta puede ser «no», pero nunca debemos dejar de buscarle, hasta que lo hayamos escuchado de Él. El silencio no es una respuesta a la oración. Si Él respondiera algunas de nuestras oraciones vacilantes sería perjudicial para nuestro crecimiento espiritual. No debemos rendirnos hasta que le hayamos encontrado.

Jacob no dejó de buscar la bendición y la recibió. No solo recibió la bendición que procuraba, también su naturaleza fue cambiada. Para subrayarlo, el Señor cambió su nombre de Jacob («usurpador») a Israel, que significa «un príncipe con Dios». Todo esto sucedió, porque Jacob **«... (luchó) con Dios y con los hombres y (prevaleció)» (véase Génesis 32:28).** También encontraremos al Señor si le buscamos con persistencia. Nuestra naturaleza cambiará de la de Caín a la naturaleza del Hijo de Dios, como ocurrió con Jacob. Entonces nosotros, del mismo modo, seremos «príncipes con Dios».

Rubén, el primogénito de Jacob, tuvo la misma naturaleza que su tío Esaú. Permitió que su carne le robara su herencia, cuando su apetito carnal lo llevó a profanar el lecho de su padre. Al bendecir a sus hijos antes de morir, Jacob solo dispuso de una reprensión para Rubén.

Rubén, tú eres mi primogénito, mi poderío y el principio de mi vigor, prominente en dignidad y prominente en poder.

Incontrolable como el agua, no tendrás preeminencia, porque subiste a la cama de tu padre (Génesis 49:3-4).

Al igual que Esaú, Rubén pudo ser prominente en dignidad y poder, pero fue gobernado por su carne y le costó muy caro. La falta de dominio propio comenzó en el Huerto y aún hoy roba a muchos su herencia eterna en Cristo.

El alimento de Satanás

El polvo es a menudo un símbolo en las Escrituras, que representa la naturaleza carnal del hombre o la «carne», como a veces se la denomina (la carne de Adán se hizo del polvo). La maldición sobre la serpiente fue que comería polvo (véase Génesis 3:14), lo que significa que Satanás se alimentaría de la naturaleza carnal del hombre. El dominio de Satanás sobre el hombre se perpetúa mediante la naturaleza carnal del hombre.

Una de las tácticas más exitosas de Satanás desde el Huerto, es ofrecer al pueblo de Dios la gratificación inmediata de su carne para robarle la herencia. Esta argucia ha sido tan exitosa que Satanás incluso la probó con Cristo. Consciente de que Jesús sería el heredero del mundo, pero también de la prueba y la consagración que esto demandaba antes de que pudiera recibir el cumplimiento de las promesas de Dios, le propuso un camino más fácil. Ofreció a Jesús que, si Él se inclinaba y lo adoraba, le entregaría el mundo enseguida. De este modo no tendría que ir a la cruz; no tendría que sufrir y, para aplacar una de las pruebas más difíciles de la carne, no tendría que esperar.

Mediante esta misma seducción engañosa, Satanás ha inducido a muchos creyentes a tomar el camino «fácil» hacia una consternación definitiva. La invitación a adorar a Satanás rara vez es lo bastante descarada o evidente al punto de ser reconocida como tal; por lo general es simplemente una incitación para tomar el camino más amplio y transitado. El camino de Dios es muy angosto, difícil y carece de atajos. **«...Es necesario que a través de muchas tribulaciones entremos en el reino de Dios» (véase Hechos 14:22).**

Muchas enseñanzas han sugerido caminos más fáciles, pero estos no conducen al reino. Caminar con Dios es hacerlo contra la corriente de toda la raza humana, y cuando un hombre camina contra la corriente está obligado a levantar olas. Se nos dijo claramente: **«Y en verdad, todos los que quieren vivir piadosamente en Cristo Jesús, serán perseguidos» (2 Timoteo 3:12).** Satanás siempre nos inducirá a relajarnos y fluir con la marea, para evitar la persecución y la incomprensión. Solo aquellos que amen su llamado más de lo que aman la comodidad y la aceptación, permanecerán firmes.

Aunque la iglesia ha sido diezmada por la falta de disciplina y dominio propio, un problema tal vez más destructivo ha sido nuestra extraña disposición a aceptar líderes espirituales débiles. Lo hacemos, porque suelen mostrarse como Rubén, «prominentes en dignidad y poder». Pablo observó esta tendencia en la iglesia de Corinto: **«Pues toleran si alguien los esclaviza, si alguien los devora, si alguien se aprovecha de ustedes, si alguien se exalta a sí mismo, si alguien los golpea en el rostro» (2 Corintios 11:20).** Los hombres carnales responden a la fuerza carnal.

Hemos hecho con frecuencia lo mismo que Israel cuando buscó neciamente a un rey al que pudieran ver, oír y tocar, en lugar de recurrir a Dios, a quien no podían ver.

Y al igual que Israel, mostramos la tendencia a seguir en forma apresurada a cualquiera que sobresale por encima de los demás, así sea solo con su cabeza y sus hombros. Por este motivo, también hemos sufrido derrotas, humillaciones casi continuos, y la pérdida de la gloria y la presencia manifiestas de Dios.

Juzgar por lo externo es un error común y una gran tentación incluso para aquellos que gozan de intimidad con el Señor. El gran profeta Samuel tuvo dificultades para aprender esta lección. Resulta sorprendente que después del fiasco con Saúl se apresurara a juzgar a otro posible rey por su apariencia física. Sin embargo, sucumbió ante la misma tentación, después de que el Señor lo enviara a la casa de Isaí para ungir un sucesor:

Cuando ellos entraron, Samuel vio a Eliab, y se dijo: «Ciertamente el ungido del Señor está delante de Él».

Pero el Señor dijo a Samuel: «No mires a su apariencia, ni a lo alto de su estatura, porque lo he desechado; porque Dios no ve como el hombre ve, pues el hombre mira la apariencia exterior, pero el Señor mira el corazón» (1 Samuel 16:6-7).

Muchos considerados «prominentes en dignidad y poder» son «incontrolables como el agua» y débiles espiritualmente. El poder del Señor se perfecciona en la debilidad (véase 2 Corintios 12:9). **«…Dios ha escogido lo débil del mundo para avergonzar a lo que es fuerte» (véase 1 Corintios 1:27).** Ni la fuerza natural ni la destreza intelectual y social son requisitos para el liderazgo espiritual. Tales cualidades incluso pueden llegar a ser obstáculos.

Esto no significa que sugiramos buscar solo a los débiles en lo físico o a lo lentos en lo intelectual para que sean nuestros líderes espirituales, pero no debemos juzgar por lo externo, ¡y punto! Es vital que seamos sensibles al Espíritu respecto a quién elige Él. Las habilidades naturales no pueden producir el fruto del Espíritu. Él escoge a menudo a los más débiles o lentos para evidenciar su perfecta sabiduría y poder.

Porque nosotros somos la verdadera circuncisión, que adoramos en el Espíritu de Dios y nos gloriamos en Cristo Jesús, no poniendo la confianza en la carne (Filipenses 3:3).

El Señor declaró por medio del profeta Isaías cuál era el comportamiento de aquellos a quienes Él escogería:

Así dice el Señor: «El cielo es mi trono y la tierra el estrado de mis pies. ¿Dónde, pues, está la casa que podrían edificarme? ¿Dónde está el lugar de Mi reposo?

Todo esto lo hizo mi mano, y así todas estas cosas llegaron a ser», —declara el Señor. «Pero a este miraré (para que sea mi morada): Al que es humilde y contrito de espíritu, y que tiembla ante mi palabra» (Isaías 66:1-2).

La verdadera humildad es un requisito previo para ser un instrumento del Señor. Fue el orgullo del hombre lo que le permitió presumir que podía ser como Dios. Hablamos de lo mismo que continúa separándonos de Él. Dicha arrogancia se detiene en seco, cuando le vemos a Él como es realmente. La pompa de los grandes y poderosos del mundo se torna patética y absurda a la vista del Señor en toda su gloria.

Los hombres más justos de la tierra se sienten profundamente humillados cuando contemplan al Señor. El «hombre más importante nacido de mujer» ni siquiera se consideró digno de desatarle su calzado. ¿Dónde está la casa que podemos construir para Él? El más elevado talento humano no es capaz de realizar Su obra. Solo el Espíritu puede engendrar lo que es Espíritu. Él no nos llama por nuestras fortalezas, sino por nuestras debilidades. El Señor Jesús busca a aquellos que no depositarán su confianza en la carne y se convertirán en instrumentos de su Espíritu, tal como Él se despojó a sí mismo para hacerse siervo.

Debido a la jactancia del hombre, el Señor coloca su tesoro en lo que es repulsivo para los orgullosos. Incluso Jesucristo, el Señor y Creador del universo, nació en un establo, y se crio en *el pueblo más relegado* de la nación *más rechazada de la tierra*. Se nos dijo proféticamente: **«…No tiene aspecto hermoso ni majestad para que lo miremos, ni apariencia para que lo deseemos»** (véase Isaías 53:2). Es preciso renunciar a nuestro orgullo, para poder anhelarlo y recibirlo de esta manera. Esa es la esencia.

El Señor busca a aquellos que no son atraídos por lo externo, sino por el Espíritu. Los hombres en su orgullo rechazaron a Aquel que es la piedra angular misma de la creación. También nosotros le rechazaremos mientras nos empecinemos en nuestro orgullo (o confiemos en las habilidades carnales del hombre). Debemos ser guiados por el Espíritu de Dios, como corresponde a Sus hijos. **«De manera que nosotros de ahora en adelante ya no conocemos a nadie según la carne…»** (véase 2 Corintios 5:16).

La fuerza y dignidad externas abundaron en Rubén, el primogénito de Jacob, pero asimismo careció de fortaleza interior. José fue el penúltimo hijo de Jacob. Despreciado por sus hermanos, Dios lo eligió para heredar la primogenitura:

Hijos de Rubén, primogénito de Israel (aunque él era el primogénito, como profanó la cama de su padre, sus derechos de primogenitura fueron dados a los hijos de José, hijo de Israel; de modo que Rubén no está inscrito en la genealogía conforme a los derechos de primogenitura.

Es cierto que Judá prevaleció sobre sus hermanos, y de él procedió el Príncipe, pero los derechos de primogenitura pertenecían a José) (1 Crónicas 5:1-2).

Rubén cometió el acto detestable de acostarse con la esposa de su padre, lo que le costó su primogenitura. En contraste, José permaneció fiel, incluso bajo las circunstancias más tentadoras. Rechazó las insinuaciones de la esposa de su amo, a pesar de que su firmeza le acarrease el encarcelamiento. Esto sucedió después de que «el soñador» sufriera increíbles injusticias en carne propia. Enfrentó situaciones que habrían minado la resolución de cualquier persona, en una tierra que carecía de los estándares morales más básicos. Pero José tenía una ley en su corazón que resultó más sólida que las tentaciones y circunstancias externas. Fue rechazado por sus hermanos, pero se convirtió en la piedra angular de su salvación, como si se tratara de una imagen del Mesías que habría de venir.

Cuerpo, alma y espíritu

El hombre se compone básicamente de tres partes: cuerpo, alma y espíritu. El cuerpo está compuesto por los elementos de la tierra. Una sentencia muy popular sostiene: «Somos lo que comemos». De hecho, para mantener un cuerpo sano requerimos una dieta y ejercicio frecuente. Sin embargo, nuestra tendencia natural apunta a la comida chatarra, que no satisface las necesidades nutricionales básicas de nuestro cuerpo. También suele ganar nuestra inclinación a ser perezosos y a no hacer ejercicio. Se requiere disciplina para mantener una alimentación saludable y ejercicio adecuado.

El alma del hombre está compuesta por el intelecto, las emociones y la voluntad. El alma, como el cuerpo, se convertirá en lo que le demos de alimento. También tiene la tendencia a desear la «comida chatarra» y a mantenerse en baja forma. Toda semilla que se siembre en nuestra mente, también se segará (véase Gálatas 6:7). Lo que nos permitimos leer, pensar, oír o ver es crítico para la salud de nuestra alma. Debemos ser disciplinados para buscar el ejercicio y la dieta intelectual adecuados.

En contraste con el cuerpo y el alma, la tendencia del espíritu del hombre regenerado es desear a Dios. Sin embargo, también debe tener una dieta y ejercicio adecuados. **Jesús dijo: «las palabras que yo les he hablado son espíritu y son vida» (véase Juan 6:63).** Sus palabras son nuestro alimento espiritual. Como el hombre fue creado para tener comunión con Dios, hay un vacío espiritual en su vida hasta que la comunión con el Señor sea restaurada. Pero, un hombre a quien se prive de la dieta espiritual adecuada, saciará su hambre con lo que provenga de un espíritu maligno, de la misma forma que el hombre privado de alimentos nutritivos devorará fácilmente la comida chatarra. Por esta razón, aquellos que pregonan ser materialistas (comenzando por quienes niegan toda creencia en lo sobrenatural), caen de manera repetida en las formas más viles del espiritismo y ocultismo.

El vacío espiritual en nosotros hace que todos los hombres gravitemos atraídos por lo sobrenatural. El ser humano fue creado para tener comunión con Dios, quien es Espíritu. Por consiguiente, una relación con lo sobrenatural es «natural» para los hombres. Pero si no conocemos el verdadero poder de Dios, correremos el peligro de ser embaucados por el poder sobrenatural del enemigo. Por este motivo, el apóstol Pablo explicó que su mensaje y predicación **«no fueron con palabras persuasivas de sabiduría, sino con demostración del Espíritu y de poder, para que la fe de**

ustedes no descanse en la sabiduría de los hombres, sino en el poder de Dios» (véase 1 Corintios 2:4-5).

Las Escrituras declaran que, a medida que nos acerquemos al final de esta era, el conflicto espiritual se tornará cada vez más sobrenatural. Nuestra protección para evitar que nos desvíe el poder engañoso del enemigo no consiste en rechazar el ámbito sobrenatural, sino en conocer el verdadero poder de Dios. El hambre de los hombres por lo sobrenatural, al final, será saciada. Si la Iglesia no les proporciona el poder genuino de Dios, los hombres caerán en la trampa.

Los espiritualmente débiles son gobernados por su cuerpo; los impulsos, hábitos y deseos carnales los controlan. Podríamos incluir a Esaú y Rubén en esta categoría. Otros son gobernados por su alma; sus emociones, sentimientos y opiniones. Pero el Señor nos ha llamado a andar en el Espíritu. **«Porque todos los que son guiados por el Espíritu de Dios, los tales son hijos de Dios» (Romanos 8:14).** El Señor desea que tengamos cuerpo, alma y espíritu sanos, sujetos a Su Espíritu.

Cuando llegamos a confiar en el Señor, es inevitable que primero hagamos énfasis en la corrección de áreas de nuestra vida que pertenecen al cuerpo y al alma. En la mayoría de los casos, hay problemas en estas áreas que requieren atención inmediata. Sin embargo, el cuerpo y el alma no deben ser el centro de nuestra atención. Antes de ser cristianos, la mayoría de nosotros desconocíamos por completo el aspecto espiritual que hace parte de nuestra constitución integral. Lamentablemente, muchos cristianos pasan por la vida ignorando casi por completo su naturaleza espiritual. El énfasis de muchas enseñanzas sobre el crecimiento espiritual en realidad se centra mucho más en el ámbito del alma: el conocimiento, la sabiduría, la comprensión y la disciplina de la voluntad. Aunque estos sean aspectos críticos, ¡nuestra vida en Cristo es mucho más!

Pero la hora viene, y ahora es, cuando los verdaderos adoradores adorarán al Padre en espíritu y en verdad; porque ciertamente a los tales el Padre busca que lo adoren.

Dios es espíritu, y los que lo adoran deben adorar en espíritu y en verdad (Juan 4:23-24).

El Señor dijo que Sus palabras son espíritu y vida. También declaró: **«Cuando saca todas las suyas, va delante de ellas, y las ovejas lo siguen porque conocen su voz» (Juan 10:4).** Debemos conocer Su voz, si somos sus ovejas. Este es, posiblemente, el factor más importante de nuestra vida: reconocer su voz. Tal como Él dijo, sus ovejas le siguen **«porque conocen su voz» (véase Juan 10:4).**

Aquellos que son guiados por el Espíritu de Dios son los hijos de Dios. No debemos dejarnos llevar por los impulsos, sentimientos o razonamientos. Hay un camino recto y angosto que conduce a la verdadera vida. Incluso si nos esforzamos por seguir todos los principios que se encuentran en la Biblia, pero lo hacemos sobre la base de la fuerza y el razonamiento humano, terminaremos lejos de la voluntad de Dios. Es crucial que aquellos que sean Suyos conozcan Su voz y sean guiados por su Espíritu.

CAPÍTULO 10

El faraón, Moisés y la autoridad espiritual

El faraón es el tipo de una realidad espiritual o modelo bíblico de Satanás, el actual gobernante de esta era. Se trata de otra personificación de la simiente de la serpiente. Vemos en él muchas de las mismas estratagemas usadas por el diablo para mantener al pueblo de Dios en esclavitud. También encontramos en el faraón un ejemplo de la autoridad opresiva arraigada en las ambiciones egoístas de la naturaleza rebelde.

Moisés, por otro lado, es una representación de Cristo, quien vino para liberar al pueblo de Dios. Por eso declaró proféticamente a Israel: **«Un profeta de en medio de ti, de tus hermanos, como yo, te levantará el Señor tu Dios; a él oirán» (Deuteronomio 18:15).** Explicó así que su vida era una prefiguración del Profeta, Jesús, que iba a venir.

Podemos hallar fácilmente los paralelos en las vidas de Moisés y Jesús. El faraón emitió un decreto cuando nació Moisés, para destruir a todos los hijos varones nacidos a Israel (véase Éxodo 1:22). Herodes, de manera similar, intentó destruir a Jesús haciendo que asesinaran a todos los niños varones de Belén. La primera vez que Moisés se dio a conocer a su pueblo, lo rechazaron como su libertador, al igual que Jesús fue despreciado cuando acudió a Israel en primera instancia. La segunda vez que vino Moisés, fue con gran poder, apuntando en sentido figurado al retorno del Señor. Hay muchos otros ejemplos en la vida y el ministerio de Moisés que fueron paralelos proféticos respecto a Jesús. También tenemos en Moisés un ejemplo maravilloso de la naturaleza abnegada de la verdadera autoridad espiritual, en oposición a la naturaleza egoísta de la autoridad humana.

Bajo el dominio del faraón, los israelitas permanecieron en la esclavitud, sometidos a trabajo duro. En contraste, el Señor envió a Moisés para liberar a Israel y llevarlo a una tierra de la que fluía leche y miel, de modo que pudieran encontrar descanso. Esto ilustra una clara diferencia entre el reino de este mundo y el reino de Dios. Mientras que uno de esos reinos busca aumentar la esclavitud de sus súbditos, el otro quiere liberar a los hombres.

Poco se logra sin esfuerzo en este mundo. Aquí no nos referimos al trabajo, porque el hombre trabajó en el Huerto (lo cultivó), antes de la Caída. La maldición del trabajo duro, por otro lado, fue el resultado de la transgresión (véase Génesis 2:15). La fatiga proviene del trabajo duro que se logra solo con un gran y doloroso esfuerzo. Trabajamos en el reino de Dios, pero el yugo del Señor es fácil y ligera su carga. En Su reino se realiza más trabajo con menos esfuerzo. Todo trabajo duro trae cansancio, pero el trabajo energizado por Cristo, sin importar si el esfuerzo es secular o espiritual, trae descanso y refrigerio:

> *Tomen mi yugo sobre ustedes y aprendan de mí, que yo soy manso y humilde de corazón, y hallarán descanso para sus almas (Mateo 11:29).*

Los intentos de Satanás por esclavizarnos suelen ser muy sutiles; a veces tienen, incluso, la apariencia de ofrecernos libertad. Pero la «libertad» de este mundo siempre conduce a la esclavitud: **«Les prometen libertad, mientras que ellos mismos son esclavos de la corrupción, pues uno es esclavo de aquello que lo ha vencido» (2 Pedro 2:19).** La tendencia actual hacia la permisividad sexual es un buen ejemplo de ello. Cuanto más «libre» se vuelva uno en su búsqueda de la satisfacción, *menos satisfacción* experimentará. Esta «libertad» pronto se convierte en una obsesión por buscar gratificación en experiencias nuevas y distintas, que solo aumentan el apetito mientras ofrecen cada vez menos deleite, hasta que solo los actos de perversión se antojan interesantes. Entonces, el grado de perversión debe incrementarse hasta que, finalmente, la víctima es consumida y destruida en su interminable búsqueda de satisfacción.

Ocurre lo contrario en Cristo. Lo que externamente parece esclavitud, es lo que realmente nos hace libres. Él creó el apetito sexual del hombre para que fuera saciado. Una de las primeras cosas que el Señor dijo fue que no era bueno que el hombre estuviera solo. Él estableció la necesidad del hombre de tener compañía, cuando dijo que creó ayuda idónea (literalmente, «que correspondiera») para el hombre (véase Génesis 2:18). La unión no es solo física, también abarca el alma y el espíritu. Las relaciones sexuales son solo un nivel de interrelación diseñado por el Señor entre el hombre y la mujer. Todos, conducen a la UNIÓN. El Señor instituyó el matrimonio y prohibió las relaciones sexuales fuera del mismo para que pudiéramos experimentar la plenitud que realmente buscamos: la unión en espíritu, alma y cuerpo.

Quedaremos incluso más solos que antes siempre que entablemos relaciones sexuales por motivos egoístas. La soledad aumenta nuestro apetito de *unión*, lo que generalmente se traduce en una necesidad de tener más relaciones sexuales. La lujuria es un ciclo autoperpetuado; se torna cada vez más intenso a medida que continúa. Las relaciones sexuales que nacen del amor y el compromiso con la unión, en cambio, ayudan profundamente a mejorar la relación.

Por supuesto, el matrimonio no garantiza el uso adecuado de este obsequio, pero sin duda las relaciones sexuales nunca funcionarán debidamente por fuera del matrimonio. Es a través de la unión que se experimenta en el matrimonio, cuando comenzamos a comprender la unión superior de Cristo y su Iglesia, y el anhelo de nuestro espíritu de estar unido a Él. Es dicha unión con Él la que nos trae una satisfacción y realización que el mundo no puede comprender. Este es el cumplimiento del propósito para el cual fuimos creados.

Todo cuanto concierne a la vida y a la piedad nos es provisto en Cristo (véase 2 Pedro 1:3). Solo podemos estar completos en Él. Todo mal es la perversión de un obsequio dado por Dios, causada por el intento del hombre de encontrar su realización y seguridad fuera de Cristo. Esto solo conduce a la insatisfacción y a la inseguridad. La soledad es la raíz de muchos males. Dentro de todo hombre existe la necesidad de pertenecer, de corresponder, de estar unidos con el Señor y su creación. El reino de Dios es la máxima sinfonía: la armonía del Creador con su creación.

La necesidad esencial de tener armonía es fundamental para todo lo creado, pero el hombre la tergiversó, en su obstinada búsqueda de satisfacción por su propia cuenta. Cuanto más se aleje uno de la armonía general, más dominante se volverá, alterando aún más esa armonía. Aquellos que alcanzan el poder o la autoridad de esta manera se tornan inevitablemente paranoicos, inseguros, y se sienten cada vez más amenazados por quien sea que no puedan controlar. Hasta que venga el reino de Dios, los hombres formarán incesantemente clubes y sociedades para «sentirse parte» y tener un lugar donde puedan competir por reconocimiento y una situación social elevada.

Aquellos que se han unido verdaderamente a Cristo y a sus propósitos no van a necesitar el reconocimiento de un determinado estatus o posición social elevada. Aquellos que pertenezcan a Cristo por la fe también estarán unidos a su cuerpo y serán aceptados como idóneos en sus lugares predeterminados. Ser conocidos por Dios eliminará eventualmente cualquier necesidad de aprobación por parte los demás. Para el creyente que ha encontrado su satisfacción en Él, existe la misma disposición, sin importar si llega a ser el más o el menos importante. La situación social es irrelevante, lo que cuenta es el fruto. Para los redimidos, la unidad en torno a un gran Propósito opacará ostensiblemente el asunto de la posición personal.

Más sobre el miedo al rechazo

Ya hemos hablamos un poco al respecto, pero debemos analizarlo con mayor profundidad. Mientras el hombre no esté redimido y, por consiguiente, unido a Cristo, carga consigo el rechazo de Caín. La condición del hombre es inaceptable para Dios, a menos que llegue a Él a través de Jesús. Las personas que se han multiplicado por medio de Caín saben en el fondo que no son aceptadas por Dios, del mismo modo que el sacrificio de Caín, producto de su propio esfuerzo, fue rechazado. El miedo al rechazo es probablemente la fuerza más dominante entre aquellos que no han sido «crucificados con Cristo».

No es bueno que el hombre esté solo, pero ese miedo al rechazo hace que las personas huyan de lo que en verdad necesitan para sentirse realizadas. El miedo hace que el hombre anteponga fachadas de independencia y autosuficiencia, para protegerse de un posible rechazo. Paradójicamente estas fachadas provocan rechazo en forma reiterada, lo que se traduce en un mayor distanciamiento. Es otro círculo vicioso que se autoperpetúa.

Caín fue rechazado porque buscó a Dios según sus propios términos. Esta misma arrogancia causó desde el principio la perversión del espíritu del hombre. Después de la Caída, dicha actitud prevaleció, profundamente arraigada en la falta de armonía. Los inseguros se sienten amenazados por aquello que no pueden controlar. Entre más se aleja el hombre de lo que realmente necesita (la unión), mayor es su inseguridad. Las relaciones se reducen a engaños utilizados para manipular y controlar. No son uniones, sino guerras, a menudo orquestadas por el principal temor de los hombres: quedarse completamente solos. Cuando ingresamos a una unión bajo términos que exigen nuestro control, dichos términos impiden la unión verdadera.

Mientras estén involucrados el egoísmo y la autoconservación, la verdadera unión no puede tener lugar. Estas son barreras que nos mantienen separados de nuestro prójimo y del Señor. La verdadera unión requiere la entrega total del uno al otro. Solo cuando dejemos a un lado todas las barreras y fachadas a fin de disponernos a dar, estaremos realmente abiertos a recibir. Primero debemos perder nuestra vida, si queremos hallarla.

El rechazo de Caín se elimina en Cristo. En Él llegamos a conocer la aceptación de Dios, que es superior a cualquier otra. Estamos seguros en su amor. Podemos confiar en Él, porque su cruz demostró que en Su mente solo está procurarnos el máximo beneficio. A medida que nos sintamos seguros bajo su señorío y control, la manía de controlar a otras personas o a las circunstancias se reducirá, hasta que al final, como resultado, podamos entrar en el «reposo sabático» de Dios. Solo entonces seremos verdaderamente idóneos para servir en posiciones de autoridad.

Mientras el miedo nos controle, todas las demás percepciones estarán distorsionadas. El hombre permanece completamente solo hasta que no se restaura su unión con Dios. Puede que tenga relaciones con otras personas, pero la verdadera unión no es posible hasta que el amor perfecto de Dios haya echado fuera todos sus temores (véase 1 Juan 4:18). El mundo es una amenaza para los temerosos y la vida, una batalla por conseguir el control de cada situación. Una vez los temerosos lo obtienen, el resultado es la opresión. El miedo provoca reacciones deformadas ante amenazas reales (o las que así son percibidas).

Existe un viejo adagio: «El poder corrompe; el poder absoluto corrompe absolutamente». Esto es cierto para aquellos que buscan la autoridad, sin estar bajo la autoridad de Cristo. La inseguridad del hombre alimenta el ansia de poder. Su impulso por tener el control es, asiduamente, un mecanismo de defensa, para protegerse del rechazo. Pero el poder sobre los demás nunca disipará los temores; solo los aumentará. Mientras más nos esforcemos por mantener el dominio sobre nuestros pequeños reinos, mayores se volverán las cargas. Solo cuando «perdamos nuestra vida» (nuestras pretensiones de dominio) y le entreguemos el dominio a Cristo, encontraremos *realmente* vida y libertad.

Todos los que alcancen el poder sin conocer el amor de Dios están expuestos a la paranoia. La más mínima desviación de la doctrina o la más pequeña expresión de *librepensamiento* se vuelve absurdamente siniestra. Aquellos que se rinden verdaderamente a Cristo no serán intimidados por los desafíos ni desanimados por el rechazo. Quienes ejercen autoridad por motivos egoístas son corruptos, sin importar su apariencia piadosa. Los líderes seguros en Cristo manejarán la autoridad con el mayor cuidado, sabiendo que son Sus siervos.

El sometimiento a la autoridad delegada

Vemos en el faraón una reacción típica de la simiente de Caín. Cuando Moisés buscó la libertad de Israel (véase Éxodo 5:9) el rey de Egipto hizo que las cargas sobre sus esclavos fueran más pesadas. Aquellos que pertenecen a la simiente de Caín se volverán más opresivos, y sus miedos más irracionales, con cada intento de libertad por parte de los subordinados. Existe una corrupción inherente a cualquier autoridad separada de Dios.

El Señor creó al hombre para que ejerciera dominio sobre los peces del mar, las aves del cielo y todo ser viviente que se moviera sobre la tierra (véase Génesis 1:28), pero no fue su propósito original que los hombres gobernaran a otros hombres. Solo Él sería Su autoridad. Cuando estos se resistieron y decidieron seguir su propio camino, Dios estableció a los hombres para gobernar sobre sus semejantes, a fin de evitar que el mundo se redujera al caos total. Por este motivo, los apóstoles exhortaron a la Iglesia a someterse a todas las autoridades terrenales.

Sométase toda persona a las autoridades que gobiernan. Porque no hay autoridad sino de Dios, y las que existen, por Dios son constituidas.

Por tanto, el que resiste a la autoridad, a lo ordenado por Dios se ha opuesto; y los que se han opuesto, recibirán condenación sobre sí mismos. Porque los gobernantes no son motivo de temor para los de buena conducta, sino para el que hace el mal. ¿Deseas, pues, no temer a la autoridad? Haz lo bueno y tendrás elogios de ella, pues es para ti un ministro de Dios para bien. Pero si haces lo malo, teme. Porque no en vano lleva la espada, pues es ministro de Dios, un vengador que castiga al que practica lo malo (Romanos 13:1-4).

Sométanse, por causa del Señor, a toda institución humana, ya sea al rey como autoridad, o a los gobernadores como enviados por él para castigo de los malhechores y alabanza de los que hacen el bien (1 Pedro 2:13-14).

Por más que haya existido muchos dictadores, reyes y presidentes en quienes se evidenció el espíritu del mal, nadie es constituido como autoridad, a menos que Dios lo permita. Puede que no entendamos el propósito del Señor en muchas cosas, pero todo aquel a quien Dios permite acceder al poder, lleva a cabo de alguna manera sus propósitos, incluso si es en la forma de un juicio por la transgresión de un pueblo. Dios es muy consciente de la corrupción intrínseca al poder que ejercen los no redimidos, por lo cual exhorta a sus hijos a orar por todos los que están en autoridad. Si nosotros, sin la gracia de Dios, estuviéramos sujetos a las mismas presiones y tentaciones de los que están en autoridad también tropezaríamos de manera estrepitosa. Los gobernantes terrenales deberían recibir nuestro apoyo incluso si otros los abandonan.

Esto ciertamente no es para sugerir que, si los nazis llegaran de nuevo al poder, deberíamos apoyar sus movilizaciones y jurarles nuestra lealtad. Existen excepciones obvias al principio de obedecer a quienes ocupan los puestos de autoridad. Cuando el Sanedrín exigió a los apóstoles que dejaran de predicar en el nombre de Jesús, la respuesta fue: **«...Debemos obedecer a Dios en vez de obedecer a los hombres» (véase Hechos 5:29).** Dios puede invalidar toda autoridad de los hombres. Es nuestra obligación obedecer primero al Señor en caso de que la autoridad del hombre esté en conflicto con la Suya. Sin embargo, este es el único contexto en que se requiere desobedecer a las autoridades constituidas.

Aunque el rey Saúl llegó a ser oprimido por un espíritu maligno y Dios le hubiera declarado que lo iba a destituir, David sintió remordimiento y culpa luego de cortarle tan solo el borde de su manto. ¡No importó que Saúl estuviera tratando de matarlo! El temor de David de tocar a alguien establecido por el Señor fue mayor que cualquier resentimiento o ambición personal. David ya había sido ungido rey en lugar de Saúl y, sin embargo, se negó a tomar esa autoridad por su propia mano. La fe de David en el juicio justo y en los caminos perfectos del Señor es una razón principal por la que Él le prometió que su reino duraría para siempre. Si se hubiera apoderado de la autoridad a su manera, habría estado sujeto a igual retribución, pues cosechamos lo que sembramos.

La autoridad suprema que hemos recibido, se debilitará en la misma medida en que nos esforcemos para lograr, por nuestra cuenta, incluso lo que Dios designe para nosotros. Debemos someternos a la autoridad del mundo «por motivos de conciencia» (la misma que produjo remordimiento a David por tocar el manto de Saúl), aunque dicha autoridad esté sujeta a la corrupción del hombre caído. Es posible que tengamos que desobedecer a las autoridades civiles bajo ciertas circunstancias, pero no debemos oponernos a ellas, porque: **«Dios es el Juez; a uno humilla y a otro ensalza» (Salmos 75:7).**

El liderazgo a la manera de Dios

Aunque Dios no dispuso originalmente que los hombres gobernaran a otros hombres, va a ser necesario que suceda así hasta que Su reino sea restaurado. El propósito principal de la era de la Iglesia es probar y refinar a aquellos seguidores fieles que gobernarán con Él sobre los hombres en la era venidera. Este reinado durará mil años (véase Apocalipsis 20:4), momento en el cual todas las cosas volverán a estar sujetas a Él (véase 1 Corintios 15:28). Tras el cumplimiento del *día de mil años del Señor* **«no tendrán que enseñar más cada uno a su prójimo y cada cual a su hermano, diciéndole: "Conoce al Señor", porque todos me conocerán, desde el más pequeño de ellos hasta el más grande, declara el Señor...» (véase Jeremías 31:34).**

Este fue el plan original, que todos conociéramos al Señor íntimamente y fuéramos responsables ante Él; y esta es la condición para que el hombre retorne. Toda la autoridad que Él establece *para* y *a través* de su pueblo, tiene este fin. No hablamos aquí de una autoridad constituida para mantener el orden hasta que venga el reino de Dios; esa autoridad es claramente distinta, y se establece para lograr diferentes fines, como explicó el Señor Jesús:

...Ustedes saben que los gobernantes de los gentiles se enseñorean de ellos, y que los grandes ejercen autoridad sobre ellos.

No ha de ser así entre ustedes, sino que el que entre ustedes quiera llegar a ser grande, será su servidor, y el que entre ustedes quiera ser el primero, será su siervo; así como el Hijo del Hombre no vino para ser servido, sino para servir y para dar Su vida en rescate por muchos (Mateo 20:25-28).

El Señor no condena la autoridad gentil en esta declaración; de hecho, ¡Él la estableció! Aun así, dejó en claro que la naturaleza de la autoridad del reino era bien distinta.

Existen dos tipos de líderes: los que utilizan a las personas para sus propios intereses y los que se sacrifican por los intereses de las personas. Los primeros denotan la naturaleza de la autoridad mundana, y los segundos, la autoridad divina. El faraón permitió que su país fuera destruido mientras se esforzaba por mantener su hegemonía sobre los judíos. Moisés contrasta de manera sorprendente con el egocentrismo del faraón y presenta un maravilloso ejemplo de la autoridad del reino. Mientras Israel le opuso resistencia y lo rechazó continuamente, Moisés amó y se identificó tanto con este pueblo, que ofreció su propia vida para apaciguar la ira de Dios hacia ellos. Esa es la naturaleza de todos los que verdaderamente ejercen la autoridad en el Espíritu de Jesús.

> *Haya, pues, en ustedes esta actitud que hubo también en Cristo Jesús, el cual, aunque existía en forma de Dios, no consideró el ser igual a Dios como algo a qué aferrarse, sino que se despojó a Sí mismo tomando forma de siervo, haciéndose semejante a los hombres.*

> *Y hallándose en forma de hombre, se humilló Él mismo, haciéndose obediente hasta la muerte, y muerte de cruz* (**la muerte más humillante posible**).

> *Por lo cual Dios también lo exaltó hasta lo sumo, y le confirió el nombre que es sobre todo nombre, para que al nombre de Jesús se doble toda rodilla… (Filipenses 2:5-10).*

Para la simiente de Caín, la autoridad es una oportunidad de protagonismo y autoexaltación. El llamado a la autoridad en Cristo es al sacrificio personal; es el llamado a volvernos esclavos y a renunciar a nuestros propios intereses. Gobernar en Cristo no es *autogratificarse*, sino *autodesprenderse*. No servimos en Cristo para hacernos famosos, sino para **despojarnos de toda reputación** (véase Filipenses 2:7 KJV). Si bien el faraón fue uno de los hombres más arrogantes, que incluso intentó luchar contra Dios, sobre Moisés se afirmó que era el hombre más humilde sobre la faz de la tierra (véase Números 12:3).

La ambición personal es una de las características más destructivas que se encuentran en el ministerio y ha generado buena parte de la perversión y humillación que le ha sobrevenido a la Iglesia. Cuando se establece prematuramente a los hombres en posiciones de autoridad resulta ser una tragedia, tanto para el líder como para los que son dirigidos. Ponerlos en autoridad espiritual antes de que sean liberados de la carnalidad solo alimentará esa naturaleza y bien podría evitar el desarrollo de los verdaderos dones de liderazgo. Albert Einstein dijo alguna vez: «La responsabilidad prematura engendra superficialidad».

La autoridad espiritual correspondiente

La autoridad espiritual fue un tema importante dentro del cuerpo de Cristo durante la década de 1970. Aunque las interpretaciones incorrectas causaron conflictos y confusión, el asunto retó a muchos a buscar una comprensión adecuada de la verdadera naturaleza de la autoridad espiritual. Entre las lecciones aprendidas, estuvo que necesitamos discernimiento y paciencia para esperar que Dios establezca su autoridad. Una perspectiva humana llevó a Israel a clamar por un rey, y Saúl fue el desastroso resultado. El Señor le iba a dar a Israel un rey en el momento adecuado. Él había levantado específicamente al profeta Samuel para que fuera el encargado de preparar a Israel para la venida del rey, un avance que profetizó Jacob (véase Génesis 49:10); sin embargo, el pueblo no pudo esperar el tiempo elegido por Dios.

Lamentablemente, parece que esto se repite cada vez que el Señor está a punto de obrar de una manera especial. Los hombres comienzan a percibir la necesidad de algo que Dios les está preparando, pero su impaciencia los lleva a presionar al Señor, antes de Su tiempo perfecto. Por este motivo, todo indica que siempre hay un Ismael doctrinal que antecede a Isaac, o un Saúl a David. El Señor eligió una y otra vez al hijo menor, para que fuera el heredero de sus promesas en lugar del mayor, como testimonio de que lo terrenal siempre nacería antes que lo espiritual.

Tenemos verdadera autoridad espiritual solo en la medida en que el Rey more en nosotros. Pablo dijo que esperó para comenzar su ministerio, hasta que el Padre tuvo a bien revelar a Su Hijo en él, no solo a él (véase Gálatas 1:15-17). En este mismo discurso, declara que no consultó enseguida con seres humanos acerca de este asunto. Recibió su mensaje del Señor, pero solo después de catorce años fue a Jerusalén para su confirmación.

«En la abundancia de consejeros está la victoria» (véase Proverbios 11:14). La sumisión al cuerpo de Cristo y al presbiterio es importante, pero hacer demasiado énfasis en esto puede debilitar la verdadera autoridad espiritual. El factor esencial para que un ministerio tenga la capacidad de dar fruto es la unión con el Señor, no con el cuerpo. Hay muchas congregaciones de cristianos practicantes que afirman ser de Cristo, pero no están unidos a Él. Pablo nos advirtió acerca de los ministerios que **«no se mantienen firmemente unidos a la Cabeza…» (véase Colosenses 2:19, NVI).** No dio advertencias sobre aquellos que no se sometieron al cuerpo. Esto obedece a que uno puede estar unido al cuerpo sin tener una relación personal con la Cabeza. Pero lo contrario no es cierto; uno no puede estar unido a la Cabeza sin estar también unido a su cuerpo. Es cuestión, simplemente, de establecer nuestras prioridades en forma correcta.

Muchos «llaneros solitarios» cometieron errores flagrantes en su vida y ministerio. Algunos lo atribuyen a una falta de sumisión a la autoridad de la iglesia. Esto puede ser cierto hasta cierto punto, pero también se ha dado el caso de quienes estuvieron en total sumisión a las autoridades de la iglesia y cayeron en situaciones igualmente graves.

En contraste, la historia está llena de testimonios de personas, completamente aisladas de sus hermanos en la fe, que soportaron pruebas increíbles y se mantuvieron fieles. Algunas doctrinas que sustentan la sumisión a la autoridad espiritual son en realidad contraproducentes, si se observa en qué forma preparan a las personas para ser fieles y obedientes al Señor.

No se trata de promover la clase de mensaje, incorrecto, por cierto, de individualismo e independencia espiritual. Sin embargo, cuando el énfasis en la sumisión a la iglesia excede el que corresponde al Señor, hay consecuencias trágicas, como lo testifica nuestra historia reciente. Algunos de los ministerios más ungidos que el Señor ha dado a su Iglesia en nuestro tiempo fueron rechazados por una gran parte del cuerpo de Cristo, porque no hicieron tanto énfasis en su unión con el cuerpo como en su unión con Cristo. Asimismo, se permitió el ingreso de algunas influencias diabólicas, porque los perpetradores lograron fingir todas las apariencias externas de la sumisión.

Un énfasis desmedido en la sumisión al cuerpo producirá una deformación del verdadero discipulado. La espiritualidad no se puede transferir por ósmosis. Un claro ejemplo de esto es el caso de Pablo y Gamaliel. Dado que Pablo declaró en Hechos 22:3 que fue discípulo de Gamaliel, podríamos esperar que fuera como su maestro. No obstante, mientras Pablo estuvo bajo la tutela de Gamaliel notamos un gran contraste entre ambos. El consejo de Gamaliel al Sanedrín, registrado en Hechos 5:34-39, contiene una paciencia y sabiduría asombrosamente profundas. Cuando el resto del Concilio tuvo la intención de matar a los apóstoles, por enseñar en el nombre de Jesús, Gamaliel sugirió con sensatez que los dejaran en paz: **«porque si este plan o acción es de los hombres, perecerá; pero si es de Dios,**

no podrán destruirlos; no sea que se hallen luchando contra Dios» (véanse los versículos 38-39). Pero, ¿cuál fue la reacción de Pablo ante la joven iglesia? **«Perseguí este Camino hasta la muerte» (véase Hechos 22:4).**

Los hombres no pueden cambiar a otros hombres. Incluso el pastor más grande no puede ser el Espíritu Santo para sus discípulos. Es factible que influyamos en la conducta externa hasta cierto punto, pero solo el Espíritu Santo puede transformar el corazón de una persona. Hay un lugar para el discipulado, pero moldear la vida de otra persona es un asunto serio y delicado. Algunos de los errores más grandes cometidos con regularidad por el liderazgo, se producen cuando intentamos ocupar el lugar del Espíritu Santo en la vida de alguien más. No existe una fórmula predeterminada para impartir vida y sabiduría de una persona a otra; debe ser una relación guiada y dispuesta por el Espíritu.

Se volvió muy fácil que un creyente esté correctamente relacionado con el cuerpo (según la interpretación popular) mientras carece, casi por completo, de una relación con el Señor. El aspecto más importante en la vida y el ministerio es disfrutar de una relación continua y real con el Señor. La iglesia no puede salvar; no puede curar; no puede bautizar con el Espíritu Santo; no puede conducirnos a toda la verdad. Solo Dios es capaz de hacer estas cosas. Cuando nuestro énfasis comienza a estar en la iglesia más que en el Señor, nos limitamos a adorar a la creación en vez de honrar al bendito Creador, y nuestra fe queda reducida a una forma de piedad que niega el poder mismo del evangelio.

No somos transformados al contemplar la iglesia; lo somos al *contemplar al Señor* (véase 2 Corintios 3:18). Tampoco el mundo se sentirá atraído hacia el Señor al contemplar a la Iglesia; esto sucederá cuando la Iglesia comience a exaltar al Señor en lugar de enaltecerse a sí misma. Solo después de que nos hayamos unido al Señor puede darse una unión real con su cuerpo. Al contemplar y fijar nuestra atención en la Cabeza, el cuerpo se mantiene unido (véase Colosenses 2:19).

Conozcamos los caminos de Dios

El rey David hizo una observación profunda, cuando declaró que el Señor **«…dio a conocer sus caminos** (a Moisés), **y a los israelitas sus obras» (véase Salmos 103:7).** Para Moisés no era suficiente ver las obras del Señor; anhelaba conocer sus caminos. Este deseo lo llevó a convertirse en uno de los líderes espirituales con mayor discernimiento de todos los tiempos. Moisés deja al descubierto por qué es tan importante conocer los caminos del Señor:

Entonces Moisés dijo al Señor: «Mira, Tú me dices: "Haz subir a este pueblo". Pero Tú no me has declarado a quién enviarás conmigo. Además, has dicho: "Te he conocido por tu nombre, y también has hallado gracia ante Mis ojos".

Ahora pues, si he hallado gracia ante Tus ojos, te ruego que me hagas conocer Tus caminos para que yo te conozca y halle gracia ante Tus ojos… (Éxodo 33:12-13).

Moisés supo que solo podía guiar adecuadamente al pueblo de Dios si conocía sus caminos, y que era la única forma de relacionarse *con Él*, en la forma correcta. Fue llamado a liderar al pueblo de Dios, pero tuvo la sabiduría para comprender que no podían ser guiados de la misma manera que otras personas. Los caminos del mundo no son los de Dios y tampoco pueden lograr los propósitos del Señor.

Este es un asunto de suma importancia que el liderazgo del cuerpo de Cristo debe comprender también. A menudo hemos designado líderes en la iglesia por lo que lograron en el mundo. En realidad, ser un líder en el mundo puede obstaculizar el liderazgo espiritual. Las habilidades y los talentos naturales nos engañarán, si dependemos de ellos en los asuntos espirituales. Lo que es de la carne, carne es; sólo lo que es nacido del Espíritu puede producir lo que es del Espíritu. Ninguno de los doce apóstoles elegidos por el Señor para dirigir a su Iglesia hacia una nueva dispensación ocupó previamente posiciones de liderazgo secular. De hecho, parecían una hermandad única y particular de elegidos, por ser justamente aquellos «con menos posibilidades de éxito».

El autor de Hebreos explicó que, debido a que Israel no conoció los caminos del Señor, no pudo entrar en Su reposo (véase Hebreos 3:10-11). Conformarse solo con las bendiciones de Dios, sin preocuparse por conocerle a Él realmente, le costó a Israel su herencia, tal como puede ocurrir con nosotros.

La Tierra Prometida y otras bendiciones que el Señor quiso darle a Israel eran grandiosas, pero no fueron la razón por la que el Señor sacó a Su pueblo de Egipto. Israel fue llamada a ser una nación de sacerdotes, a servirle y manifestar a todos los pueblos de la tierra Quién era su Creador (véase Éxodo 19:5-6). ¡Pero no le conocieron! Uno de los acontecimientos más trágicos de la historia de Israel tuvo lugar en el Monte Sinaí. Fue allí donde la nación de Israel renunció a este supremo llamamiento, decidiendo que preferían tener un mediador humano antes que conocer al Señor. Este incidente se registra en Éxodo 20:18-21:

Todo el pueblo percibía los truenos y relámpagos, el sonido de la trompeta y el monte que humeaba. Cuando el pueblo vio aquello, temblaron, y se mantuvieron a distancia.

Entonces dijeron a Moisés: «Habla tú con nosotros y escucharemos, pero que no hable Dios con nosotros, no sea que muramos».

Moisés respondió al pueblo: «No teman, porque Dios ha venido para ponerlos a prueba, y para que Su temor permanezca en ustedes, y para que no pequen».

EL PUEBLO SE MANTUVO A DISTANCIA, mientras Moisés se acercaba a la densa nube donde estaba Dios.

A partir de este momento, el pueblo de Israel ya no apreció tener una relación personal con el Señor. Querían todos los beneficios de estar casados con Él, pero no *a Él*. Lamentablemente, esta también es la historia de gran parte de la Iglesia cristiana, que demostró estar dispuesta a pagar casi cualquier precio con tal de que alguien mediara en su relación con Dios. Al igual que Israel, la Iglesia fue llamada a ser un reino de sacerdotes (véase Apocalipsis 1:6). La propagación de un sistema que separa al sacerdocio de la congregación destruye el propósito mismo de la Iglesia.

Es bíblico y apenas obvio que aquellos que son llamados al liderazgo en la Iglesia deban vivir de acuerdo con ciertos estándares que no se exigen a toda la congregación. Aun así, estos servidores no son llamados como mediadores entre Dios y los hombres. **«Porque hay un solo Dios, y también un solo Mediador entre Dios y los hombres, Cristo Jesús hombre» (1 Timoteo 2:5).** Cuando alguien más se eleva entre Dios y su pueblo, usurpa la posición del Señor Jesús.

Solo Jesús puede permanecer de pie entre Dios y el hombre. Hay apóstoles, profetas, evangelistas, pastores, maestros, ancianos, diáconos y otros ministerios que fueron concedidos a la Iglesia, pero todos **«a fin de capacitar a los santos para la obra del ministerio, para la edifica-**

ción del cuerpo de Cristo; hasta que todos lleguemos a la unidad de la fe y del pleno conocimiento del Hijo de Dios, a la condición de un hombre maduro, a la medida de la estatura de la plenitud de Cristo» (Efesios 4:12-13).

Ningún ministerio ha sido dado para cumplir por nosotros las responsabilidades espirituales que corresponden a cada uno. Todos son suministrados con el propósito de llevar a la Iglesia a la madurez y facultar a los miembros para hacer *la obra del ministerio* (véase Efesios 4:11-12). Todos somos llamados como ministros; todos somos llamados como sacerdotes. Cualquier hombre usurpa tanto la autoridad del Señor como la de la Iglesia cuando se hace llamar *el* ministro o *el* sacerdote atribuyéndose esa funciones de manera exclusiva.

Cada uno de nosotros *es* un ministro y sacerdote, aunque nuestros roles difieran según los dones particulares que recibimos. Esto de ninguna manera niega la autoridad que el Señor estableció en la iglesia. Un ministerio cabal no podría desarrollarse sin esta autoridad. Aun así, la naturaleza de la autoridad es decreciente y no lo contrario. Estos roles se vuelven cada vez más innecesarios, a medida que la Iglesia madura. El propósito final de los líderes debería ser quedarse sin trabajo, al igual que la responsabilidad de los padres es preparar al niño para el día en que dejará la protección del hogar y asumirá su propio designio. La autoridad de la Iglesia se imparte como protección para sus hijos espirituales, con el fin de prepararlos y afirmarlos como individuos en Cristo.

En Números 11:24-29 podemos encontrar el espíritu apropiado del ministerio a través de Moisés. El Señor hizo que reuniera a los setenta ancianos en la tienda de reunión para poder ordenarlos, con el fin de que compartieran la responsabilidad y autoridad de Moisés en la congregación. Cuando el Espíritu vino sobre ellos, todos comenzaron a profetizar. Por una razón que no se revela, dos de los ancianos habían permanecido en el campamento, pero el Espíritu vino sobre ellos por igual y profetizaron. Luego de que un joven informara a Moisés lo sucedido, Josué lo exhortó a disuadirlos de profetizar. Moisés respondió: **«¿Tienes celos por causa mía? ¡Ojalá todo el pueblo del Señor fuera profeta, que el Señor pusiera Su Espíritu sobre ellos!» (versículo 29).**

Moisés no se sintió amenazado por esta aparente usurpación de su competencia. ¡Supo que había más que suficiente para que todos participaran! Cuando un líder se convierte en protector de su ámbito espiritual se aparta de la verdadera autoridad espiritual. Moisés se deleitó al ver que surgían otros líderes. No era su deseo que Israel dependiera de él, y tampoco deberíamos desear que otros dependan de nosotros. Todo ministerio verdadero se consagra al propósito de que las personas lleguen a conocer individualmente al Señor. Jesús demostró esta misma actitud: Explicó a sus discípulos que les convenía que Él se fuera, para que pudieran recibir al Espíritu (véase Juan 16:7).

La comisión en el ministerio

Todos los miembros del cuerpo de Cristo están llamados a ser ministros. Cada uno cumple una función definida, que resulta esencial para el cuerpo como un todo. Pero que hayamos sido llamados a un ministerio no significa que estemos listos para ejercerlo. Pueden pasar muchos años entre el momento en que se produce nuestro llamamiento y aquel en que somos comisionados. Este tiempo de preparación entre el llamamiento y la puesta en marcha es esencial. Si comenzamos a caminar prematuramente en nuestro ministerio sin antes ser comisionados por el Espíritu Santo, lo más probable es que obstaculicemos su cumplimiento. La voluntad del hombre nunca podrá lograr los propósitos de Dios. No es por el poder, ni por la fuerza, ni por las más nobles intenciones humanas, sino solo por su Espíritu que se realiza la obra de Dios.

Cada milagro de Jesús tuvo un significado profético. Al convertir el agua en vino, su primer milagro, el Señor ilustró una de las lecciones iniciales más importantes que debemos aprender cuando comenzamos a seguirle. Las tinajas fueron puestas aparte y se llenaron de agua. El agua es, de manera recurrente, un símbolo de la Palabra de Dios (véase Efesios 5:26). Esto mostraba el período de preparación en el que debían ser «llenos hasta el borde» con la enseñanza de Dios. Después de recibir Su llamado, debe haber un período de tiempo en el que seamos apartados y llenos. No es suficiente estar parcialmente llenos; ¡debemos estarlo por completo!

Tampoco es suficiente estar llenos solo de enseñanzas. El agua debe convertirse en vino; nuestro conocimiento debe convertirse en vida. Solo entonces estaremos listos para ser vertidos. Aquellos que son servidos demasiado pronto, rara vez se convierten en «vino» o logran caminar en la plenitud de la unción a la que fueron llamados. El «agua» que sirven es refrescante y puede bendecir a muchos, pero con paciencia servirán el mejor vino. ¡Los que esperaron para convertirse en vino trastornaron el mundo!

Moisés es un ejemplo excelente de la preparación del Señor. Debió haber intuido el llamado para ayudar a los israelitas cuando mató a un egipcio en su defensa, pero no era el momento de Dios. Huyó de Egipto aparentemente derrotado. Luego pasó cuarenta años en el desierto como pastor, la profesión más humilde de la época, antes de que Dios lo ordenara para su obra. Se dice que Satanás edifica al hombre para poder derribarlo. ¡El Señor derriba al hombre para poder edificarlo! No hay atajos para el ministerio ungido por Dios. Los diplomas y títulos pueden ganarse el respeto de los hombres, pero no impresionan al Señor. Una vez que probemos el vino de Dios, el agua nunca nos dejará igual de satisfechos.

La naturaleza del Señor es creativa. No hay dos personas iguales y tampoco dos ministerios. Cada profeta de la Biblia fue asombrosamente único, al igual que todos los apóstoles. Cuando el Señor nos llama a un ministerio específico es posible que de alguna manera sigamos el modelo de otro ministerio, pero solo en un sentido muy general. Cada uno de nosotros es muy diferente de cualquier otra persona, lo cual se comprueba al observar las Escrituras, la historia o a nuestros contemporáneos. Por este motivo, no podemos amoldar lo que somos a un ministerio; solo el Señor puede hacerlo.

El Señor es Quien edifica Su Iglesia y le da forma a cada piedra. Debemos permitir que el Señor nos haga como Él quiera, dispuestos a ser muy distintos a los demás. Aquellos que se apresuran a cumplir su llamado antes del momento adecuado, inevitablemente se convierten en imitaciones baratas. Pero aquellos que deciden ser distintos y no son formados por Dios, son aún más dignos de lástima.

Moisés golpea la roca

En Números 20:8-12, tenemos el aleccionador ejemplo de una de las mayores trampas para caminar con poder y autoridad espiritual. Moisés fue tremendamente presionado por el pueblo, que se quejaba de sed. El Señor ordenó a Moisés que tomara su vara, un símbolo de la autoridad que le había dado, y que hablara a la roca para que de esta brotara agua. Moisés, en lugar de hablarle, golpeó la roca con la vara. El agua fluyó en abundancia, pero a un costo muy alto. La disciplina de Dios fue de lo más rigurosa: **«Y el Señor dijo a Moisés y a Aarón: "Porque ustedes no me creyeron a fin de tratarme como santo ante los ojos de los israelitas, por tanto no conducirán a este pueblo a la tierra que les he dado"» (versículo 12).**

Es un hecho impresionante y formativo que el Señor comparta su autoridad con Su pueblo. Utilizada con humildad y sumisión, la autoridad es una herramienta poderosa. Si se ejerce con presunción, puede costarnos nuestra herencia en Cristo. La roca era Cristo. ¡La autoridad del Señor (vara) no fue dada para que pudiéramos golpearle con ella! Cuando comenzamos a *exigir* cumplimiento, en realidad le estamos *ordenando a la Cabeza* que nos obedezca. Este es un terreno peligroso.

Hoy en día se incita con frecuencia al cuerpo de Cristo a escudriñar las Escrituras en busca de promesas deseadas, a presentarlas ante Dios y a exigir su cumplimiento. ¡Esta podría ser la máxima demostración del orgullo del hombre! Es una aproximación equivocada que se vale de la autoridad y los principios de Dios en aras de conseguir protagonismo. El Señor ciertamente quiere que aprendamos a usar la vara, pero para Sus propósitos. Cuando el orgullo o el egocentrismo se inmiscuyen en la autoridad espiritual, corremos el peligro de apartarnos de la verdadera autoridad. Aquellos que «tiemblan ante su palabra» serán su morada (véase Isaías 66:1-2). A Él debemos tratarle reconociéndole como Santo, o de lo contrario, al igual que Moisés, podríamos ser expulsados de la Tierra Prometida.

El temor de Dios versus el temor del hombre

La presión del pueblo impulsó a Moisés a usar su vara de una manera que el Señor no le ordenó. La misma presión ha provocado la caída de muchos ministerios. La humildad es el temor de Dios, no del hombre. **«…Y con el temor del Señor el hombre se aparta del mal»** (véase Proverbios 16:6). **«Temer a los hombres resulta una trampa…»** (véase Proverbios 29:25, NVI). Por este motivo, Pablo declaró: **«…Si yo todavía estuviera tratando de agradar a los hombres, no sería siervo de Cristo»** (véase Gálatas 1:10). Según esto, si realmente tememos al Señor, no temeremos a nadie más. Honrar y respetar al Señor es librarse de todo temor al hombre.

Jesús manifestó a los fariseos: **«Ustedes son los que se justifican a sí mismos ante los hombres, pero Dios conoce sus corazones, porque lo que entre los hombres es de alta estima, abominable es delante de Dios»** (véase Lucas 16:15). Si nos vemos obligados a buscar el aprecio de los hombres, nos encontrarán haciendo lo que es detestable. Debemos decidir a quién vamos a agradar: al hombre o a Dios. No podemos complacer a ambos. Por eso Jesús advirtió: **«¡Ay de ustedes, cuando todos los hombres hablen bien de ustedes! Porque de la misma**

manera trataban sus padres a los falsos profetas» (Lucas 6:26). Nuestro ministerio será engañoso en la misma medida en que se vea afectado por el temor al hombre.

Fuimos llamados a ser los siervos de todos los hombres, amándolos y rindiendo nuestra vida por su salvación, pero las personas no deben ser nuestros amos. Aunque no resulte fácil amar y servir a los demás de esta manera, sin ser controlados ni influenciados por nuestro prójimo, debemos aprender a hacerlo. El apóstol exhortó: **«Sirvan de buena voluntad, como al Señor y no a los hombres» (Efesios 6:7).**

Saúl y David

Posiblemente la mayor diferencia entre los reyes Saúl y David radicaba en *a quién querían agradar*. Saúl temió al pueblo más que al Señor, mientras que David hizo justo lo contrario. Saúl no quiso esperar, cuando eso fue lo que se le ordenó, hasta que el profeta Samuel regresara para hacer un sacrificio al Señor. La excusa que intentó dar fue que **«el pueblo se me dispersaba [. . .] y que los filisteos estaban reunidos…» (véase 1 Samuel 13:11).**

Cualquiera que haya caminado en el liderazgo de la iglesia comprende esta presión. Mientras la gente comienza a dispersarse y a la vez el enemigo ataca, la urgencia de simplemente «hacer algo» es apremiante, incluso si el Señor nos ha dicho que esperemos. Ceder a estas presiones es arriesgarse a perder la unción. Cuando Saúl sucumbió ante el temor y el deseo de complacer a las personas, la unción de Dios para el liderazgo lo abandonó.

Si hemos de actuar con la verdadera autoridad espiritual, es necesario someternos únicamente a la *autoridad de Dios*. Todo el que camine en autoridad espiritual tendrá que pasar esta prueba. No debemos temer a nadie sino a Dios. ¿Por qué habríamos de hacerlo si es Él quien nos designó y si Él está con nosotros? Tampoco debiéramos temer en ninguna circunstancia, si sabemos que Dios nos envió.

La permisividad es un enemigo mortal, porque resulta fácil de justificar en nuestra mente. Saúl recibió más tarde la orden de atacar y destruir por completo a los amalecitas, pero, si bien acabó con varios de ellos, mantuvo con vida al rey y a algunos de los mejores animales. Justificó el hecho de haber conservado los animales argumentando que su intención era ofrecerlos al Señor. En las Escrituras, los amalecitas son una figura de la fuerza satánica. Durante la travesía del pueblo de Israel por el desierto, los amalecitas los atacaron por la retaguardia, eliminando a los débiles y rezagados, bajo el amparo de la oscuridad, tal como lo hace Satanás. El Señor ordenó que los amalecitas y todas sus posesiones fueran destruidos como lección, para mostrar a las generaciones venideras que no se puede transigir con Satanás.

En la antigüedad, si un rey derrotaba a otro en batalla y lo mantenía con vida, era para convertirlo en esclavo o en aliado. Saúl se justificó con el pretexto de que Agag, el rey de los amalecitas, podría ser hecho una de ambas cosas, lo cual es una suposición aún más peligrosa, si consideramos que Agag representaba al mismo Satanás para Israel. También razonó que debía conservar lo mejor de las posesiones de los amalecitas para sacrificarlo al Señor. Las cosas de Satanás no se pueden usar en nuestra adoración a Dios. La reprensión de Samuel a Saúl es una advertencia para nosotros:

Y Samuel dijo: «¿Se complace el Señor tanto en holocaustos y sacrificios como en la obediencia a la voz del Señor? Entiende, el obedecer es mejor que un sacrificio, y el prestar atención, que la grasa de los carneros.

Porque la rebelión es como el pecado de adivinación, y la desobedien-cia, como la iniquidad e idolatría» (véase 1 Samuel 15:22-23).

El sacrificio personal nunca expiará la rebelión. Muchos caen en la trampa de creer que las buenas obras pueden compensar la contemporización o la desobediencia en otras áreas de su vida. Este es el comienzo del engaño y la adivinación (hechicería). Podemos pensar en la hechicería como la forma de conjurar espíritus y tejer hechizos, pero estas son solo algunas de sus manifestaciones más extremas. La hechicería generalmente comienza con el intento sutil de manipular a Dios, que es una de las últimas suposiciones que pasarían por nuestra mente. De hecho, Pablo llamó a la hechicería una *obra de la carne* (véase Gálatas 5:20). La hechicería (también llamada brujería) consiste en utilizar cualquier espíritu o recurso para dominar, controlar o manipular alguna persona o situación.

Las presiones sutiles que podemos ejercer sobre los demás, para salirnos con la nuestra, son una forma de brujería. Los sacrificios de Saúl al Señor como forma de apaciguarle para encubrir su falta de obediencia, son otro ejemplo de ello. Tal devoción a la manipulación suele comenzar cuando somos niños y aprendemos que podemos halagar a nuestros padres, para obtener lo que queremos o para reducir un castigo inminente. Si se permite que continúe, eventualmente adoptará formas de manipulación mucho más letales. El fallo de Saúl al no arrepentirse, lo condujo en última instancia a destruir a los sacerdotes del Señor, y a buscar el consejo de un hechicero.

Tras ser confrontado por su desobediencia, Saúl confesó: **«…He pecado. En verdad he quebrantado el mandamiento del Señor y tus palabras, porque temí al pueblo y escuché su voz»** (véase 1 Samuel 15:24). De hecho reconoció su transgresión y entendió por qué pecó, pero Saúl no se arrepintió.

Hay una diferencia entre la confesión y el arrepentimiento. La confesión puede ser en realidad un intento de manipular, como en este caso, con Saúl. La verdadera razón de la confesión de Saúl queda clara en el versículo 30: **«He pecado, pero te ruego que me honres ahora delante de los ancianos de mi pueblo y delante de Israel y que regreses conmigo para que yo adore al Señor tu Dios».** Su confesión era un intento para que Samuel continuara honrándolo ante el pueblo. Si se hubiera arrepentido de verdad, no le habría preocupado tanto lo que pensara la gente, sino lo que pensaba Dios. Las palabras de Saúl a Samuel son muy reveladoras, cuando marca el contraste entre *«mi pueblo»* y *«el SEÑOR tu Dios»*. Este es otro síntoma de mentalidad terrenal, propia de la simiente de Caín.

David era de un espíritu diferente. A través de la narrativa de su vida, encontramos reiteradamente, que **«David consultó al Señor»** (véase 1 y 2 Samuel). Incluso cuando los amalecitas secuestraron a su familia y a las de sus hombres (lo que provocó que estos amenazaran con apedrearlo), David se resistió a tomar medidas antes de buscar al Señor. La presión debió ser increíble. En medio de una situación que hubiera hecho dudar a los más fieles, fue escrito que **«…David se fortaleció en el SEÑOR su Dios»** (véase 1 Samuel 30:6).

David confió en el Señor más que en los hombres o las circunstancias. Este fue el fundamento sólido sobre el cual se estableció su trono. Un cimiento lo bastante fuerte como para durar por siempre. Cualquier ministerio que ha de perdurar debe construirse sobre este mismo fundamento.

El temor al hombre es una trampa para cualquier ministerio. El Señor llamó a Pedro «Satanás», porque puso su mente en los intereses del hombre y no en los de Dios (véase Mateo 16:23). Santiago reprendió a la iglesia con una advertencia similar: **«¡Oh almas adúlteras! ¿No saben ustedes que la amistad del mundo es enemistad hacia Dios? Por tanto, el que quiere ser amigo del mundo, se constituye enemigo de Dios» (Santiago 4:4).** Debemos amar al mundo con el amor de Cristo, pero no debemos ser sus amigos.

La estrategia básica de Satanás

La transigencia le ha robado el poder a la iglesia. Cuando Moisés se presentó ante el faraón para exigirle la libertad de Israel, este respondió con una maniobra para aumentar el yugo de esclavitud sobre Israel. Este es un paralelo de la estrategia que Satanás sigue utilizando para mantener a los hombres bajo su control y alejados de la cruz. Tan pronto como Moisés proclamó la libertad para Israel según la palabra del Señor, el faraón respondió dando instrucciones a sus hombres de endurecer aún más la faena de los hebreos esclavizados: **«Recárguese el trabajo sobre estos hombres, para que estén ocupados en él y no presten atención a palabras falsas» (Éxodo 5:9).**

La artimaña del faraón apuntó a que las cargas sobre el pueblo de Dios fueran más pesadas, para que pensaran que las promesas de Dios eran «palabras falsas». Satanás nos hace lo mismo. Nos agobia con cargas adicionales, justo cuando estamos a punto de ser librados por el poder de Dios, para hacernos pensar que las Palabras de Dios son falsas.

Esta estrategia contra Israel comenzó a funcionar, sembrando en ellos la duda y el desaliento. La prioridad número uno de Satanás es traer DESÁNIMO. Al entender los planes del enemigo, podemos combatirlos como lo hizo

Moisés. Si el Señor le da una promesa, Satanás inmediatamente intentará hacerle pensar que no es de Dios, atacándolo en esa misma área. La primera estrategia del diablo es hacernos pensar que la Palabra de Dios es falsa. Debemos aprender a anticipar este ataque cuando recibimos una promesa de Dios, sin permitir que la artimaña del enemigo nos desanime o desvíe de nuestro camino.

La táctica inicial de Satanás no funcionó en este caso, debido a que Moisés se mantuvo firme. Pero el enemigo tenía recursos adicionales. Su siguiente estratagema fue replicar los milagros de Dios, intentando mostrar que el poder del Señor no era superior al suyo. Eso comprobaría que no había nada especial en lo que Dios prometió, porque Satanás pudo hacer exactamente las mismas cosas. Dicha táctica tenía un objetivo: DESORIENTAR.

Cuando Moisés volvió a mantener su postura, el faraón cedió un poco más, pero solo para trazar una línea aún más astuta. Les dijo: **«Vayan, ofrezcan sacrificio a su Dios dentro del país» (véase Éxodo 8:25).** Al constatar que estamos decididos a servir al Señor, Satanás intentará hacernos pensar que podemos servir a Dios en su dominio. Quiere que pensemos que aún es posible vivir nuestra vida según las costumbres del mundo, siempre y cuando vayamos a la iglesia de vez en cuando, leamos diligentemente nuestra Biblia, etc. Moisés no cayó en el engaño de esta peligrosa falacia, y nosotros tampoco deberíamos permitirlo.

Después de ver la demostración del poder del Señor el faraón hizo otra propuesta: **«Los dejaré ir para que ofrezcan sacrificio al Señor su Dios en el desierto, solo que no vayan muy lejos. Oren por mí» (Éxodo 8:28).** ¿Le suena familiar? Tan pronto una persona comienza a liberarse del mundo para servir al Señor, le llueven voces y consejos sobre los peligros de llegar demasiado lejos con la religión. Pero los verdaderos creyentes se niegan a permitir que el mundo dicte hasta dónde llegarán con el Señor. Si Satanás no logra convertirlo en un completo esclavo, su siguiente estrategia es hacer que termine dando su brazo a torcer, para mantenerle en la mayor esclavitud posible.

Este fue el intento de Satanás de hacer que Israel PERDIERA SU VISIÓN de la Tierra Prometida, una fórmula que le resulta eficaz con muchos cristianos. Si perdemos la visión, simplemente deambularemos por el desierto, siendo presa fácil para la recaptura. El llamado a Israel no era solo a salir de Egipto, sino a ir a la Tierra Prometida. Debemos mantener nuestra visión centrada en el propósito máximo de Dios o seremos distraídos por un propósito inferior.

Tras demostraciones aún más grandes del poder de Dios, el faraón propuso otro gesto de «condescendencia»: **«Vayan, sirvan al Señor** (*ahora sin ninguna condición previa sobre cuán lejos podían llegar*). **Solo que sus ovejas y sus vacas queden aquí. Aun sus pequeños pueden ir con ustedes» (véase Éxodo 10:24).** El último intento de Satanás para conseguir que transijamos es que dejemos algo atrás, en «Egipto», porque sabe que donde está nuestro tesoro, también estará nuestro corazón (véase Mateo 6:21). Supo en este caso que, si los tornaba permisivos en algún aspecto, finalmente recuperaría el dominio sobre ellos. Les dijo entonces que podían irse tan lejos como quisieran, con una sola condición: **«Solo que sus ovejas y sus vacas queden aquí. Aun sus pequeños pueden ir con ustedes» (véase Éxodo 10:24).**

Cuando se da cuenta de que estamos absolutamente decididos a «ir hasta el final con Jesús», Satanás procura que dejemos algo atrás. TRANSIGENCIA se deletrea F-R-A-C-A-S-O para el pueblo de Dios. Nuestra determinación de permanecer completamente libres del dominio de Satanás debe ser implacable, tanto en lo interior como respecto a cualquier cosa que nos pertenezca, respondiendo como Moisés: **«Por tanto, también nuestros ganados irán con nosotros. Ni una pezuña quedará atrás…» (véase Éxodo 10:26)**

En el escenario de esta disputa entre Moisés y Faraón, tenemos un ejemplo claro de la antigua estrategia de Satanás para mantener al pueblo de Dios bajo su dominio. Su primer objetivo es causar DESÁNIMO, que conduce a la DESORIENTACIÓN; luego la PÉRDIDA DE VISIÓN que lleva a la TRANSIGENCIA; y la transigencia al final trae FRACASO en los propósitos de Dios para sus hijos.

El faraón no se rindió, a pesar de su fracaso al intentar que Moisés transigiera en cualquier momento. De la misma forma, nunca debemos esperar que Satanás nos deje tranquilos por su propia voluntad. Israel no iba a marcharse por mandato del faraón, para que no dijeran que él los dejó ir. Israel solo sería puesto en libertad por el poder de Dios. Su poder trajo destrucción a todo lo que estaba bajo el dominio del faraón y entregó los tesoros de Egipto en manos de Su pueblo. Nosotros también debemos entender que no somos puestos en libertad por el permiso de Satanás, sino por el poder de Dios.

Hagamos sendas derechas para nuestros pies, sin girar a la derecha ni a la izquierda, y no demos nuestro brazo a torcer por razonable que parezca la proposición. De esta manera, permaneceremos en el lugar donde el poder de la cruz puede traernos liberación y ejecutar juicio sobre el dominio del maligno.

CAPÍTULO 12

LA PASCUA

«…Porque aún Cristo, nuestra Pascua, ha sido sacrificado»
(véase 1 Corintios 5:7).

El sacrificio de la Pascua fue lo que libró a Israel del poder del faraón, para que su pueblo nunca más sirviera a Egipto. La cruz, que tuvo en la Pascua una imagen profética, es la que nos libra del poder de Satanás y de la esclavitud por la corrupción del mundo. Sabiendo esto, el diablo se enfurece con los que acuden a la cruz, de la misma forma que el faraón encolerizó cuando vio que perdía su poder sobre Israel. Tal como ocurrió con la figura de la Pascua, la cruz trae juicio sobre los males del mundo y libra de su esclavitud a todos los que la abracen.

Desde los tiempos de Caín y Abel, el sacrificio ha sido el principal punto de conflicto entre las dos simientes, que representan las dos naturalezas del hombre: carnal y espiritual. Satanás no se intimida si abrazamos las doctrinas o la institución del cristianismo; de hecho, bien podría fomentarlos. Sabe que el lado «bueno» del árbol del conocimiento es tan mortal como el lado malo, y mucho más engañoso.

La bondad humana es una ofensa a la cruz y se usa como compensación por ella. Nos engaña haciéndonos pensar que, si hacemos más «bien» que mal, seremos aceptables ante el Padre, colocándonos así por encima de la necesidad del sacrificio de Su Hijo. Satanás se alegra de que abracemos cualquier cosa religiosa, mientras no vayamos a la cruz. El poder de Satanás sobre nosotros se rompe por completo cuando nos volvemos a la cruz; en ese momento salimos de su dominio hacia la gloriosa libertad del Espíritu.

La mayor oposición para abrazar la cruz y la verdadera libertad del Espíritu vendrá de quienes son religiosos. Esta batalla comenzó con los dos primeros hermanos, Caín y Abel, y arrecia hasta el día de hoy. La cruz siempre será la mayor amenaza para los religiosos, y los religiosos siempre serán el mayor enemigo de la cruz. Los endemoniados no persiguieron a Jesús; se arrodillaron y se sometieron a Él. Fueron los ciudadanos religiosos, morales y conservadores quienes lo crucificaron, y serán estos los que se levantarán contra cualquiera que predique el verdadero mensaje de la cruz.

La mayor persecución contra la fe verdadera siempre provendrá de aquellos que se han convertido en su mente, pero no en su corazón. Estos viven según el fruto del árbol del conocimiento, en lugar del fruto del Árbol de la Vida. Su verdadera devoción será la comprensión intelectual de las doctrinas, antes que una relación viva con Dios, conforme a Su voluntad.

Jesús advirtió: **«No todo el que me dice: "Señor, Señor", entrará en el reino de los cielos, sino el que hace la voluntad de mi Padre que está en los cielos» (Mateo 7:21).** Solo conoceremos la verdadera doctrina si valoramos hacer su voluntad por encima de aprender únicamente los conceptos. Tal como lo explicó Jesús: **«Si alguno está dispuesto a hacer la voluntad de Dios, sabrá si mi enseñanza es de Dios o si hablo de mí mismo» (Juan 7:17).**

Una persona puede desear la verdad por muchas y diferentes razones. Algunas de las motivaciones para buscar la verdad, en realidad son malas, como el orgullo, la autojustificación, o incluso el miedo. Solo aquellos que aman la verdad escaparán de los engaños del día malo. Por supuesto, quienes aman la verdad quieren que sus doctrinas sean correctas, pero solo tendremos doctrinas precisas y puras si amamos al Dios de la verdad más que a las verdades de Dios. No es conocer el Libro del Señor lo que da vida, sino conocer *al Señor* del Libro. Debemos amar la Verdad misma más de lo que amamos las verdades individuales. De no hacerlo, amaremos más esas verdades de lo que es posible estimándolas por encima de Él. No se trata de optar por lo uno o lo otro, sino de tener ambas cosas en el orden adecuado.

Un nuevo comienzo

En la tierra de Egipto el Señor habló a Moisés y a Aarón y les dijo: «Este mes será para ustedes el principio de los meses. Será el primer mes del año para ustedes» (Éxodo 12:1-2).

Considerando que la Pascua iba a ser la profecía arquetípica del sacrificio de Jesús, llama la atención que Moisés preparara a Israel para la primera Pascua cambiando su calendario, de modo que fuera el «primer mes». Esto anunciaba un nuevo comienzo. Luego de participar de la Pascua, los hijos de Israel debían dejar el único lugar que conocían y viajar por contornos que nunca vieron, para poseer una tierra con la que apenas soñaban. Su vida nunca volvería a ser la misma después de aquel fatídico día. Tampoco la nuestra.

De modo que, si alguno está en Cristo, nueva criatura es; las cosas viejas pasaron, ahora han sido hechas nuevas (2 Corintios 5:17).

Cuando Jesús se convierte en *nuestra Pascua*, nacemos de nuevo, en un mundo nuevo. Para Israel se trató de un cambio físico; para nosotros, de un cambio espiritual. Las condiciones externas y el entorno pueden seguir siendo los mismos, pero nosotros no. Si lo externo de repente parece distinto, ¡puede ser porque vemos con nuevos ojos ! Cuando una persona nace de nuevo, comienza a ver el reino de Dios (véase Juan 3:3). Esta es una liberación mucho más gloriosa. Moisés sacó a Israel de Egipto en un día, pero «Egipto» (las costumbres del mundo) permanecieron en Israel. Por medio de Cristo, **«...el mundo ha sido crucificado para mí y yo para el mundo» (véase Gálatas 6:14).**

Jesús saca a Egipto del corazón y lo reemplaza por un nuevo país: el reino de Dios. La simiente de Caín, el hombre religioso, siempre busca hacer del mundo un mejor lugar para vivir. Cristo transforma a los hombres para que puedan *vivir mejor* en el mundo. El hombre carnal busca cambiar a los hombres a través de su esfuerzo por cambiar el mundo. El hombre espiritual busca cambiar el mundo, *cambiando a los hombres.*

La gloria de Dios prevalece sobre el universo, excepto por este diminuto rincón en tinieblas llamado tierra. Aunque no somos más que una pelusa en la gran extensión de la creación, el Padre hizo el sacrificio supremo para redimirnos y restaurarnos, enviando a su propio Hijo a la abrumadora maravilla de la creación. Si no fuera por este hecho asombroso, la tierra sería absolutamente insignificante, en relación con el extenso dominio de Dios. Cuando comenzamos a descubrir al Señor y las dimensiones de Su reino, los problemas personales e incluso los mundiales comienzan a verse irrelevantes. Podemos estar seguros de que esta única gota de maldad en el gran despliegue de Su creación nunca superará los océanos de su bondad. ¡Su reino vendrá! Es una fuerza irresistible que eclipsará al mal, como el sol eclipsa a la luna cuando se levanta.

Cuando el hombre comió del árbol del conocimiento, su atención se centró en sí mismo y comenzó a pensar como si él fuera el centro del universo. Todos los hijos nacidos después de la Caída heredaron este engaño. Los pequeños problemas y ambiciones dominan por completo nuestra mente hasta que nos convertimos. Entonces, al comenzar a ver el reino de Dios, nuestra perspectiva cambia.

Cuanto más claramente vemos a Dios sentado en su trono, menos notamos los problemas y preocupaciones del mundo. No es que seamos insensibles a las necesidades humanas: ¡simplemente nos damos cuenta de que Él es inmensamente superior a cualquier problema y más maravilloso que cualquier solución humana! Al verlo con nuevos ojos encontramos una paz que sobrepasa todo entendimiento. Puede que el mundo no sea para nada distinto, pero nosotros sí.

Andar en la verdad

Andar en la verdad es caminar con el Señor. A medida que se aclara nuestra visión del reino de Dios, los asuntos de la tierra pierden protagonismo. Las cosas invisibles para el hombre natural se nos vuelven más reales que las que perciben los sentidos físicos. Esto les parece absurdo a aquellos que no ven en el Espíritu. El apóstol Pablo lo explicó bien:

Pero el hombre natural no acepta las cosas del Espíritu de Dios, porque para él son necedad; y no las puede entender, porque son cosas que se disciernen espiritualmente.

*En cambio, el que es espiritual juzga todas las cosas (**con exactitud**); pero él no es juzgado por nadie (1 Corintios 2:14-15).*

Si nos despertáramos y viéramos a Jesús de pie junto a nuestra cama ¡ese día en la oficina sería probablemente bien distinto! ¿Cómo cambiaría la vida si Él nos acompañara visiblemente durante todo el día? Para los nacidos del Espíritu, «los ojos del corazón» ven con mayor claridad que los ojos naturales y siempre contemplan al Señor. Él está con nosotros dondequiera que vayamos, porque *vive en nosotros*. Cuando contemplemos al Señor en el poder de su resurrección, como el Rey sobre todos los gobernantes, poderes y autoridades, también tendremos la fe para abordar con audacia cualquier persona o circunstancia.

Durante el martirio de Esteban, ni siquiera las piedras que fueron usadas para matarlo distrajeron su atención. ¡Estaba contemplando a Jesús! El apóstol Pablo, quien aún no se había convertido, fue testigo de que la visión de Esteban, mientras lo apedreaban, era real. Incluso entonces el Señor estaba preparando a su instrumento elegido, para llevar su nombre ante los gentiles, los reyes y los hijos de Israel. La semilla plantada en el corazón de Pablo cuando vio la capacidad de Esteban para ver lo invisible, iba a dar mucho fruto. Años más tarde, Pablo escribió estos incisivos versículos, animando a los cristianos de Éfeso a ver el reino invisible:

Mi oración es que los ojos de su corazón les sean iluminados, para que sepan cuál es la esperanza de Su llamamiento, cuáles son las riquezas de la gloria de Su herencia en los santos, y cuál es la extraordinaria grandeza de Su poder para con nosotros los que creemos, conforme a la eficacia de la fuerza de Su poder.

Ese poder obró en Cristo cuando lo resucitó de entre los muertos y lo sentó a Su diestra en los lugares celestiales, muy por encima de todo principado, autoridad, poder, dominio y de todo nombre que se nombra, no solo en este siglo sino también en el venidero.

Y todo lo sometió bajo Sus pies, y a Él lo dio por cabeza sobre todas las cosas a la iglesia, la cual es Su cuerpo, la plenitud de Aquel que lo llena todo en todo (Efesios 1:18-23).

Al contemplar a Jesús en su trono, Pablo pudo ver todas las cosas sujetas a Él. Jesús todavía está en el trono. Se le ha dado todo el dominio y nada puede suceder que Él no permita. Resulta imposible para Satanás asestar un golpe por sorpresa cuando «Jesús no está mirando». Cuando los ojos de nuestro corazón están abiertos para ver esto, es difícil dar mucho crédito a las preocupaciones del mundo.

Eliseo fue otro que tuvo esta visión celestial. Bajo la amenaza de todo un ejército, se sentó tranquilamente en la ladera de una colina, para gran consternación de su criado. Cuando Eliseo oró pidiendo que se le abrieran los ojos, el criado pudo entender la razón de su confianza: Los ángeles que los respaldaban superaban en número al enemigo (véase 2 Reyes 6:8-23). Aquellos con una perspectiva celestial saben que, en cualquier circunstancia, los que están con nosotros superan significativamente a los que se nos oponen.

Andando en el Espíritu

Andar en el Espíritu es ver con Sus ojos, oír con Sus oídos y comprender con Su corazón. Al hacerlo, la tierra, con todos sus problemas y su gloria, comienza a verse tan pequeña como es en realidad. Después de contemplar la gloria y la autoridad de Jesús, los reyes y presidentes no impresionan más que los desposeídos. Una vez hemos visto al Señor, toda la pompa y títulos terrenales lucen ridículos y hasta la peor crisis internacional deja de ser motivo de preocupación. El Rey está en Su trono y Él nunca perderá el control.

Hubo serafines con Isaías cuando vio al Señor sentado en su trono. Se decían el uno al otro: **«Santo, Santo, Santo es el Señor de los ejércitos, llena está toda la tierra de Su gloria» (véase Isaías 6:3).** ¿Cómo pueden los serafines afirmar que toda la tierra está llena de su gloria con tantas guerras, conflictos, desastres, enfermedades y confusión? Pueden decirlo, porque habitan en la presencia del Señor.

También veremos toda la tierra llena de su gloria, sin importar las circunstancias, cuando comencemos a morar en su presencia. Veremos la realidad de lo que sucede en la tierra, pero también la realidad, mucho más excelsa del plan y el poder de Dios. Somos ciudadanos de la nueva creación, no de la antigua, y debemos mirar desde la perspectiva de la nueva.

Podríamos preguntarnos ahora por qué tenemos esta batalla continua con nuestra vieja naturaleza si somos nuevas criaturas. No tendríamos dicha batalla si mantuviésemos nuestros ojos en Jesús. Comenzamos a hundirnos, como Pedro, cuando apartamos nuestros ojos de Él y somos sacudidos, por enfocarnos en las olas del mundo y la carne. Pablo se lo explicó a los romanos:

Porque yo sé que en mí, es decir, en mi carne, no habita nada bueno. Porque el querer está presente en mí, pero el hacer el bien, no.

Pues no hago el bien que deseo, sino el mal que no quiero, eso practico.

Y si lo que no quiero hacer, eso hago, ya no soy yo el que lo hace, sino el pecado que habita en mí.

Así que, queriendo yo hacer el bien, hallo la ley de que el mal está presente en mí.

Porque en el hombre interior me deleito con la ley de Dios, pero veo otra ley en los miembros de mi cuerpo que hace guerra contra la ley de mi mente, y me hace prisionero de la ley del pecado que está en mis miembros.

¡Miserable de mí! ¿Quién me libertará de este cuerpo de muerte?

Gracias a Dios, por Jesucristo Señor nuestro… (Romanos 7:18-25).

Sin Cristo, no hay bien en nosotros. Podemos examinarnos una y otra vez y encontraremos lo mismo: el mal. ¡Pero en Cristo ya no tenemos que vivir según nuestra naturaleza pecaminosa! ¡Él nos dio Su vida, Su Espíritu! Cuando Él dijo: **«Consumado es» (véase Juan 19:30),** lo dijo en serio. Él es la obra consumada de Dios; Él es la obra consumada que el Padre busca realizar en nosotros.

La madurez no viene esforzándonos por alcanzar un cierto nivel de espiritualidad; simplemente es el resultado de permanecer en Aquel que es la obra consumada de Dios. Jesús es nuestra sabiduría, justicia, santificación y redención (véase 1 Corintios 1:30). Jesús es todo lo que estamos llamados a ser; solo podemos cumplir nuestro llamado permaneciendo en Él.

Nunca llegaremos a ser una nueva creación simplemente fijando metas espirituales y alcanzándolas. Solo podemos lograr la verdadera espiritualidad permaneciendo en Aquel que es la obra de Dios. Jesús es el Alfa y la Omega, el Principio y el Fin de todas las cosas. Jesús es llamado «el primogénito de toda creación» (véase Colosenses 1:15). Jesús es el único propósito de Dios. Tal como se ha señalado, y es una declaración digna de repetirse, todo lo que el Padre amó y estimó, lo manifestó en su Hijo. Todo fue creado por medio de Él y para Él, y en Él todas las cosas permanecen (véase Colosenses 1:16-17). Toda la creación fue para el Hijo. Todas las cosas deben reunirse en Él (véase Efesios 1:10). Alcanzamos el propósito de Dios para nuestra vida, cuando todo nuestro ser se ha unido a Él; simplemente *permaneciendo en Él.*

Miren que nadie los haga cautivos por medio de su filosofía y vanas sutilezas, según la tradición de los hombres, conforme a los principios elementales del mundo y no según Cristo.

*Porque toda la plenitud de la Deidad reside corporalmente en Él,
y ustedes han sido hechos completos en Él (Colosenses 2:8-10).*

Si no nos mantenemos enfocados en el propósito supremo de Dios (que todas las cosas se reúnan en Cristo), correremos el peligro de distraernos continuamente con objetivos menos importantes para el Señor o, lo que es peor, con los intereses del mundo.

La transformación del corazón

Podemos cambiar la conducta externa en nuestras propias fuerzas hasta cierto punto, pero solo el Señor puede transformar nuestro corazón. Ni siquiera podemos juzgar certeramente los pensamientos ni las intenciones de nuestro corazón, porque **«más engañoso que todo es el corazón, y sin remedio; ¿quién lo comprenderá?» (Jeremías 17:9).** Un día podemos tener motivos bastante buenos, y terribles al siguiente. Si solo hacemos las cosas cuando nuestros motivos son los correctos, seremos fácilmente frustrados por Satanás o engañados por nuestro propio corazón, aun cuando tengamos las mejores intenciones. De permitir que nuestros motivos nos controlen, estaremos en perpetua confusión. Nuestras vidas deben estar determinadas por la voluntad de Dios, no por nuestros propios motivos. Pablo lo explicó a los corintios:

*En cuanto a mí, es de poca importancia que yo sea juzgado por
ustedes o por cualquier tribunal humano. De hecho, ni aun yo me
juzgo a mí mismo.*

*Porque no estoy consciente de nada en contra mía. Pero no por
eso estoy sin culpa, pues el que me juzga es el Señor (1 Corintios
4:3-4).*

Esto no significa que ignoremos nuestros problemas, sino que debemos depender de la Palabra del Señor para distinguir entre el alma y el espíritu. Aunque se nos anime a «juzgarnos a nosotros mismos» para que no seamos juzgados (véase 1 Corintios 11:31), esto lo debe hacer el Espíritu Santo. Tal autoexamen será distorsionado si no lo hace el Espíritu. Nuestro corazón es engañoso y el resultado más frecuente de examinarnos sin Él es el *autoengaño*, antes que la misma afectación a otros. Debemos depender del Señor para que Él nos transforme, si lo que buscamos es un cambio real. Somos transformados al contemplar su gloria, no nuestras propias deficiencias (véase 2 Corintios 3:18).

Pero no debemos ser presuntuosos. Aunque la introspección no nos solucione todo, tampoco nos autoriza a perseguir pensamientos impuros o nuestros propios fines. A través de Jesús, Dios **«…condenó al pecado en la carne» (véase Romanos 8:3).** Pero describir la gracia de Dios como un perdón constante para el pecado contumaz es una doctrina falsa y peligrosa. Cuando abusamos de Su don inmerecido y vivimos según la carne, nos apartamos de la gracia genuina.

Él prometió que nunca seremos tentados más allá de lo que podamos soportar (véase 1 Corintios 10:13). La gracia que el Señor nos ha dado es el poder para caminar por su Espíritu. Pedro declaró: **«Pues su divino poder nos ha concedido (**tiempo pasado**) todo cuanto concierne a la vida y a la piedad (**la semejanza divina**), mediante el verdadero conocimiento de Aquel…» (véase 2 Pedro 1:3).**

Cuando cedemos a la carne, no es porque carezcamos de la fuerza para resistir; ¡simplemente nos estamos rindiendo al pecado! Es como entrenar para una maratón. Si el corredor piensa que ya no puede dar un paso más, encontrará que es capaz de correr una distancia mucho mayor con solo relajarse. Su resistencia aumenta a partir de ese punto. Cuando lleguemos a ese lugar donde pensamos que no podemos soportar la tentación por más tiempo, la victoria vendrá si descansamos en Aquel que venció todo pecado. Al permanecer en Él, encontraremos la fortaleza para resistir mucho más allá del punto en el que generalmente nos rendimos. Es justo en ese punto donde no soportamos más, que Su fortaleza asume el control.

…Te basta Mi gracia, pues Mi poder se perfecciona en la debilidad… (véase 2 Corintios 12:9).

Por tanto, no desechen su confianza, la cual tiene gran recompensa.

Porque ustedes tienen necesidad de paciencia, para que cuando hayan hecho la voluntad de Dios, obtengan la promesa.

Porque dentro de muy poco tiempo, el que ha de venir vendrá y no tardará.

Mas Mi justo vivirá por la fe; y si retrocede, Mi alma no se complacerá en Él.

Pero nosotros no somos de los que retroceden para perdición, sino de los que tienen fe para la preservación del alma (Hebreos 10:35-39).

La resistencia del atleta no se incrementa hasta que éste alcance su límite máximo y lo supere. Lo mismo es cierto sobre nuestra resistencia espiritual. Podemos declarar con Pablo: **«Todo lo puedo en Cristo que me fortalece» (Filipenses 4:13).** En Cristo nunca está bien decir «no puedo» a lo que Él nos llamó a hacer. Es más adecuado responder que «no lo haremos» o «no lo hicimos», pero nunca que: «no podemos». Él nos dio su fortaleza.

También en Él ustedes fueron circuncidados con una circuncisión no hecha por manos, al quitar el cuerpo de la carne mediante la circuncisión de Cristo (Colosenses 2:11).

Por tanto, ahora no hay condenación para los que están en Cristo Jesús, los que no andan conforme a la carne sino conforme al Espíritu.

Porque la ley del Espíritu de vida en Cristo Jesús te ha libertado de la ley del pecado y de la muerte.

Pues lo que la ley no pudo hacer, ya que era débil por causa de la carne, Dios lo hizo: enviando a Su propio Hijo en semejanza de carne de pecado y como ofrenda por el pecado, condenó al pecado en la carne, para que el requisito de la ley se cumpliera en nosotros, que no andamos conforme a la carne, sino conforme al Espíritu (Romanos 8:1-4).

El Señor no solo trata de transformarnos; ¡Él intenta matarnos! El supremo llamamiento de Dios se alcanza cuando podemos decir con el apóstol: **«Con Cristo he sido crucificado, y ya no soy yo el que vive, sino que Cristo vive en mí; y la vida que ahora vivo en la carne, la vivo por la fe en el Hijo de Dios, el cual me amó y se entregó a sí mismo por mí» (Gálatas 2:20).**

Juan el Bautista fue un modelo maravilloso del verdadero ministerio espiritual. Su único propósito y el objeto de su devoción fue preparar el camino para Jesús, señalar hacia Él, y luego menguar a medida que el Señor crecía. Juan no dijo que declinaría para que Jesús pudiera crecer. Simplemente afirmó: **«Es necesario que Él crezca, y que yo mengüe» (Juan 3:30).** Si tratamos de disminuir para que Jesús pueda crecer, aún seguiremos buscando la justicia propia, como si mediante ella pudiéramos imponer Su crecimiento.

De nuevo, somos transformados a su imagen cuando lo contemplamos a Él y a su gloria (véase 2 Corintios 3:18). Solo entonces menguaremos verdaderamente en nuestro ser. Presumir que podemos crucificar nuestra carne es vanidad. Si de alguna manera pudiéramos crucificarnos a nosotros mismos, todo lo que obtendríamos es la justicia propia. En lugar de crucificarnos a nosotros mismos, somos crucificados «con Cristo».

El nuevo nacimiento es posiblemente la mayor demostración del amor y de la gracia de Dios. Todos hemos pecado y somos merecedores de la destrucción eterna. Sin embargo, el Padre nos amó tanto que envió a su propio Hijo como propiciación por nuestros pecados, permitiéndonos comenzar de nuevo. Al ser hechos hijos del Señor nuestro cuerpo de muerte es cambiado por la vida eterna. Ningún genio de las tramas de ficción o fantasía pudo soñar jamás una historia tan maravillosa. ¿Cómo nosotros, quienes hemos participado de tal gloria, no lo haremos todo «por amor del evangelio»? (véase 1 Corintios 9:23)

Pues el amor de Cristo nos apremia, habiendo llegado a esta conclusión: que Uno murió por todos, y por consiguiente, todos murieron.

Y por todos murió, para que los que viven, ya no vivan para sí, sino para Aquel que murió y resucitó por ellos.

De manera que nosotros de ahora en adelante ya no conocemos a nadie según la carne. Aunque hemos conocido a Cristo según la carne, sin embargo, ahora ya no lo conocemos así.

De modo que si alguno está en Cristo, nueva criatura es; las cosas viejas pasaron, ahora han sido hechas nuevas.

Y todo esto procede de Dios, quien nos reconcilió con Él mismo por medio de Cristo, y nos dio el ministerio de la reconciliación;

es decir, que Dios estaba en Cristo reconciliando al mundo con Él mismo, no tomando en cuenta a los hombres sus transgresiones, y nos ha encomendado a nosotros la palabra de la reconciliación.

Por tanto, somos embajadores de Cristo, como si Dios rogara por medio de nosotros, en nombre de Cristo les rogamos: ¡Reconcíliense con Dios! Al que no conoció pecado, lo hizo pecado por nosotros, para que fuéramos hechos justicia de Dios en Él (2 Corintios 5:14-21).

CAPÍTULO 13

RECIBIENDO AL CORDERO EN CASA

Hablen a toda la congregación de Israel y digan: «El día diez de este mes cada uno tomará para sí un cordero, según sus casas paternas; un cordero para cada casa [...]. Y lo guardarán hasta el día catorce del mismo mes...» (véase Éxodo 12:3, 6).

El propósito de tomar un cordero cada uno y meterlo en la casa cinco días antes del sacrificio, era examinarlo minuciosamente en busca de defectos. Esta era una profecía de que Jesús, el verdadero Cordero Pascual, entraría a Jerusalén cinco días antes de su crucifixión. Por supuesto, Él lo hizo, cumpliendo la profecía de manera perfecta. Mientras Jesús entraba a la ciudad, los corderos rituales de la Pascua eran llevados a las casas.

Los escribas, fariseos y saduceos desafiaban a Jesús, tratando de hallar un defecto en Él, al tiempo que los corderos eran examinados para encontrar imperfecciones que los inhabilitaran. A pesar de su intenso escrutinio, no encontraron ningún defecto en Jesús. Él fue el sacrificio aceptable para la Pascua de Dios. Los gobernantes finalmente se resignaron a contratar testigos falsos en contra Suya.

En Juan 19:42 observamos que Jesús fue sacrificado el Día de la Preparación de los judíos. Todos los corderos de la Pascua fueron ofrecidos esa misma fecha, en preparación para la fiesta. Mientras Jesús era clavado en la cruz los cuchillos se hundían en el cuello de los corderos del sacrificio por todo Israel. El cumplimiento de la promesa ocurrió justo en medio de ellos.

Solo Jesús es el Cordero sin defecto. Nuestra aceptación por parte del Padre se decidió en la cruz y, por lo tanto, no se basa en lo buenos que seamos un día en particular. Nuestra capacidad de presentarnos audazmente ante el trono de la gracia nunca debe medirse según lo *buenos* o *malos* que hayamos sido, sino por la sangre de Jesús. Recurrir a cualquier otra base es una afrenta al sacrificio que Él hizo por nosotros en la cruz. Solamente la cruz consiguió nuestra aprobación ante los ojos de Dios.

El verdadero ministerio, entonces, no se ejerce para obtener la aprobación de Dios; surge de la posición a la que nos ha llevado contar con su aprobación, debido a la cruz. Nuestra obediencia proviene de estar en Él, no persigue otra posición. Lo amamos, porque Él nos amó primero. Ahora servimos porque lo amamos, y anhelamos verlo recibir la recompensa de Su sacrificio. Hay una gran diferencia entre tratar de agradar a Dios porque le amamos, e intentarlo para ganar Su aceptación. Lo primero es adoración; lo último sigue siendo una búsqueda egoísta de la justicia propia.

Nuestra insuficiencia para entender este aspecto de la Pascua puede explicar el porqué de la naturaleza superficial de muchas conversiones modernas. Los principales evangelistas internacionales confiesan que menos del cinco por ciento de quienes toman una decisión de seguir a Jesús en sus campañas continúan caminando con el Señor. ¿Podría ser que falta algo en el evangelio que predicamos? ¿Podría ser que en lugar de tratar de que tomen «decisiones» tan apresuradas, serviríamos mejor a los perdidos si, como Israel, los animáramos a recibir al Cordero en sus «casas» por unos días antes de abrazar el sacrificio? ¿No serían más genuinas las decisiones si se estimulara a las personas a que primero examinen a conciencia a Jesús, para que comprueben por sí mismos que no hay ningún defecto en Él?

A veces una persona está lista para tomar de inmediato la decisión de volver a nacer de nuevo. Pero, en general, nuestros métodos modernos de evangelización no están produciendo fruto que permanezca. El Señor dijo, en la parábola del sembrador: **«A todo el que oye la palabra del reino y no la entiende, el maligno viene y arrebata lo que fue sembrado en su corazón» (véase Mateo 13:19).** Asimismo, añadió: **«Pero aquel en quien se sembró la semilla en tierra buena, este es el que oye la palabra y la entiende…» (véase el versículo 23).**

Hay momentos en los que debemos atender la exhortación bíblica de no confiar en nuestro propio entendimiento (véase Proverbios 3:5), pero no cuando se trata de la conversión. Aquellos que hacen un compromiso de seguir a Jesús debido a tanto «bombo y platillo», a la estimulación emocional o incluso impulsados por una predicación ungida, corren el riesgo de que la semilla les sea arrebatada, si no la entienden. Si alguien se inclina a confiar un asunto tan importante como la vida eterna a algo que no entiende, ¿será posible que haya creído *en su corazón*?

La persona que haya creído *verdaderamente* en su corazón se verá compelida a asentar sus raíces tan hondo como le sea posible en los preciosos asuntos de la redención, la salvación y los propósitos de Dios. La fe verdadera no es ciega; es la iluminación en el sentido más profundo. La fe verdadera no tiene nada que temer a una revisión; le queda todo por ganar. Hay una diferencia entre creer con la mente y creer con el corazón; estos dos aspectos no son mutuamente excluyentes.

Si *verdaderamente* examinamos a Jesús (no solo unos conceptos intelectuales), cuanto más de cerca lo miremos, más se moverá nuestro corazón a creer. Hasta Napoleón, después de leer el Evangelio de Juan, declaró que, si Jesús no era el Hijo de Dios, ¡entonces sí lo fue quien escribió ese evangelio! Se dio cuenta de que la historia que leía iba mucho más allá de cualquier invención humana. Aquellos que lo contemplan a conciencia siempre encontrarán lo mismo. Quienes en realidad no lo examinan de verdad antes de aceptarlo, serán mucho más susceptibles a dudas en el futuro y, por lo tanto, mucho más propensos a apartarse.

¿Quién dice usted que es Él?

En cierta ocasión Jesús preguntó a sus discípulos quién decían los hombres que era Él. Ellos respondieron: **«Unos, Juan el Bautista; y otros, Elías; pero otros, Jeremías o alguno de los profetas» (véase Mateo 16:14).** Entonces Él los desafió con la pregunta: **«Y ustedes, ¿quién dicen que soy Yo?» (véase el versículo 15).** Si iban a ser verdaderos discípulos, no podían seguirle por lo que otros dijeran sobre quién era Él. Lo mismo ocurre con nosotros. No se trata de quién dice nuestro pastor que es Jesús, o nuestro autor, maestro o telepredicador favorito. Tarde o temprano, el dedo de Jesús apuntará directamente a nuestro pecho: «¿Quién dices *tú* que es el Hijo del Hombre?». No podemos convertirnos al Jesús de otra persona; Él tiene que ser nuestro Jesús.

Cuando Pedro respondió que Jesús era el Cristo, el Hijo de Dios, el Señor replicó: **«Bienaventurado eres, Simón, hijo de Jonás, porque esto no te lo reveló carne ni sangre, sino Mi Padre que está en los cielos» (versículo**

17). Obviamente, Pedro no se conmovió solo por lo que los demás pensaron de Jesús; estuvo abierto a recibir su propia revelación. Al igual que Pedro, cuando estamos abiertos a recibir nuestra propia revelación del Padre edificamos sobre una Roca, contra la cual las puertas del infierno no pueden prevalecer. Un loro es capaz de aprender a decir y hacer las cosas correctas, sin que su corazón esté involucrado. Si nuestro entendimiento es simplemente el parloteo de otro, no se trata de un entendimiento verdadero, no está en nuestro corazón y nunca resistirá la prueba que con seguridad viene sobre cada semilla que se plante.

Esto no pretende ser un ataque contra los métodos de algún evangelista en particular. Debemos regocijarnos, como Pablo, de que se predique a Jesús, incluso si los resultados no son los esperados. Aunque solo el uno por ciento de las personas se convirtiera, todavía es una gran cantidad, que quizás no hubiera sido alcanzada si estos hombres no se dedican a trabajar en la obra. Pero hay sabiduría en el modelo bíblico de hacer que aquellos que participen del sacrificio de la Pascua examinen a conciencia al Cordero antes de abrazarlo. No perderemos ninguna conversión autentica al hacerlo; quizás ganemos a muchos.

CAPÍTULO 14

ÉL FUE CRUCIFICADO POR NOSOTROS

*…Entonces toda la asamblea de la congregación de Israel lo matará (**al cordero**) al anochecer (véase Éxodo 12:6)*

Todo el pueblo contestó: «¡Caiga Su sangre sobre nosotros y sobre nuestros hijos!» (Mateo 27:25).

Tal como se profetizó, fue toda la congregación de Israel la que entregó a Jesús para ser crucificado. Sin embargo, no era solo Israel quien lo crucificaba; fue la naturaleza carnal que está dentro de todos nosotros. Si el Padre hubiera elegido enviar a su Hijo a cualquier otra nación, habría tenido el mismo resultado. Incluso Platón notó que un hombre verdaderamente justo sería despreciado por todos los hombres y finalmente empalado, lo cual era el equivalente griego de la crucifixión.

Los verdaderos cristianos siempre han sido perseguidos y aún lo continúan siendo en casi todos los países del mundo. El Señor mismo declaró: **«…en cuanto lo hicieron a uno de estos hermanos Míos, aun a los más pequeños, a Mí lo hicieron» (véase Mateo 25:40).** Jesús se identificó completamente con aquellos por quienes murió. Si alguna vez hemos perseguido, calumniado o lastimado a alguno de los Suyos, se lo hemos hecho al Señor mismo. Si hemos traicionado a una congregación, a un pastor o a un hermano, incluso a quien se considere el más pequeño, o tenga algún error doctrinal u otros problemas, hemos traicionado al Señor mismo.

La crítica a Dios

Debemos dejar de arrojar piedras a otros que se quedaron cortos y privados de la gloria de Dios, porque nosotros también hemos caído. Cuando juzgamos a otro siervo o congregación del Señor, en realidad lo estamos juzgando a Él

Al juzgar a alguno de los hijos de Dios, lo que le decimos, sin palabras es: Su «sello de fábrica» no cumple con nuestras normas, ¡podríamos hacerlo mejor!

Cuando el pueblo se le sublevó a Moisés, este respondió que no se rebelaban contra él, sino contra Dios (véase Éxodo 16:8). No quiso decir con esto que fuera perfecto, ni él ni cada cosa que hacía. Pero vio que, al haberlo designado Dios como líder, rebelarse contra él, era oponerse a la provisión de Dios.

Lo mismo puede decirse de nuestra tendencia a censurar a los líderes o aun a las circunstancias. Al criticar a una persona o situación particular en la que el Señor nos tenga, lo que decimos en realidad es que no creemos que Él sepa lo que hace con nuestra vida. No solo estaremos juzgando las circunstancias, sino a Dios. Lo mismo puede ocurrir si condenamos a nuestro cónyuge, a familiares o a nuestros superiores. ¿Cómo podemos confiarle al Señor nuestra salvación eterna si no podemos hacer lo mismo con los asuntos cotidianos de la vida?

Por supuesto, hay situaciones donde acabamos en el trabajo o las circunstancias equivocados, porque fallamos en buscar al Señor y seguir su guía, pero eso tampoco nos concede el derecho a rebelarnos. En tales casos, debiéramos arrepentirnos y orar por un cambio, sin criticar las circunstancias, reconociendo nuestra propia necedad.

La iglesia ha sido escenario de un largo conflicto acerca de las doctrinas sobre la soberanía de Dios y el libre albedrío del hombre. El problema no es que estas dos doctrinas estén en conflicto; sólo parecen estarlo, cuando las miramos desde una perspectiva humana y terrenal. Ambas son verdaderas. Dios es completamente soberano, pero Él también nos dio libre albedrío.

Es por este motivo que Él puso el árbol del conocimiento en el Jardín. No podría haber verdadera obediencia de corazón a menos que existiera la libertad para desobedecer. No podría haber verdadera adoración sin la libertad de no adorar. De lo contrario el Señor hubiera hecho mejor creando computadoras y programando millones de ellas para que le adoraran. Pero, ¿alguien apreciaría tal adoración? Mucho menos nuestro Dios.

Dios, en su soberanía, nos ha dado libre albedrío, y debemos tomar la decisión de seguirlo. No podemos culparlo a Él de todas nuestras circunstancias, pues la mayoría de nuestros problemas son el resultado de determinaciones incorrectas, que adoptamos sin buscarle. De cualquier manera, nunca serán justificables las murmuraciones ni las quejas Estas hicieron que la primera generación que salió de Egipto muriera en el desierto y seguramente evitarán, de igual forma, que recibamos la provisión de Dios (véase 1 Corintios 10:10; Filipenses 2:14-15).

Al igual que Israel, si no enfrentamos nuestras circunstancias con fe, sin importar cómo llegamos a ellas, vamos a recorrer la misma montaña de pruebas una y otra vez, hasta que perezcamos. Solamente cuando comencemos a creerle a Dios, podremos progresar en nuestro viaje.

Posiblemente la razón más importante de la falta de luz, poder y una relación más estrecha de la iglesia con el Señor sea el espíritu crítico. Dios lo abordó de manera directa , por medio del profeta Isaías:

Entonces tu luz despuntará como la aurora, y tu recuperación brotará con rapidez. Delante de ti irá tu justicia; la gloria del Señor será tu retaguardia.

Entonces invocarás, y el Señor responderá; clamarás, y Él dirá: «Aquí estoy». SI quitas de en medio de ti el yugo, el amenazar con el dedo y el hablar iniquidad (véase Isaías 58:8-9).

Dios promete aquí luz, restauración, justicia, la gloria del Señor y oraciones contestadas, si nos deshacemos del yugo del espíritu crítico (señalar con el dedo y hablar iniquidad). Como si fuera necesaria más motivación para que nos arrepintamos de este mal, Jesús nos la da:

No juzguen para que no sean juzgados. Porque con el juicio con que ustedes juzguen, serán juzgados; y con la medida con que midan, se les medirá (Mateo 7:1-2).

Vemos que esto se cumple con mucha frecuencia. Aquellos que se constituyen a sí mismos en jueces para criticar a otros, terminan convirtiéndose en piedras de tropiezo, infligiendo más daño a la iglesia en el nombre de la verdad del que muchos consiguen a través del error, atesorando un juicio mucho más severo. El Señor reservó su advertencia más dura, para aquellos que se volviesen piedras de tropiezo:

Es inevitable que vengan tropiezos, pero ¡ay de aquel por quien vienen! Mejor le sería si se le colgara una piedra de molino al cuello y fuera arrojado al mar, que hacer tropezar a uno de estos pequeños (véase Lucas 17:1-2).

Judas, siguiendo esta línea, fue aún más severo al exponer el juicio previsto para aquellos a los que llamó «criticones»:

Pero estos blasfeman las cosas que no entienden, y las cosas que como animales irracionales conocen por instinto, por estas cosas son ellos destruidos.

¡Ay de ellos! Porque han seguido el camino de Caín, y por ganar dinero se lanzaron al error de Balaam, y perecieron en la rebelión de Coré.

Estos son escollos ocultos en los ágapes de ustedes, cuando banquetean con ustedes sin temor, apacentándose a sí mismos. Son nubes sin agua llevadas por los vientos, árboles de otoño sin fruto, dos veces muertos y desarraigados.

Son olas furiosas del mar, que arrojan como espuma su propia vergüenza; estrellas errantes para quienes la oscuridad de las tinieblas ha sido reservada para siempre.

De estos también profetizó Enoc, en la séptima generación desde Adán, diciendo: «El Señor vino con muchos millares de Sus santos, para ejecutar juicio sobre todos, y para condenar a todos los impíos de todas sus obras de impiedad, que han hecho impíamente, y de todas las cosas ofensivas que pecadores impíos dijeron contra Él».

Estos son murmuradores, criticones, que andan tras sus propias pasiones. Hablan con arrogancia, adulando a la gente para obtener beneficio.

Pero ustedes, amados, acuérdense de las palabras que antes fueron dichas por los apóstoles de nuestro Señor Jesucristo, quienes les decían: «En los últimos tiempos habrá burladores que irán tras sus propias pasiones impías».

Estos son los que causan divisiones. Son individuos mundanos que no tienen el Espíritu.

Pero ustedes, amados, edificándose en su santísima fe, orando en el Espíritu Santo, consérvense en el amor de Dios, esperando ansiosamente la misericordia de nuestro Señor Jesucristo para vida eterna (Judas 10-21).

Los juicios de justicia

Al abordar el problema de la inmoralidad en Corinto Pablo preguntó: **«¿…No juzgan ustedes a los que están dentro de la iglesia?» (véase 1 Corintios 5:12).** Quienes ocupan posiciones de liderazgo tienen la autoridad y la responsabilidad de juzgar a los que estén dentro de la iglesia, pero hay ciertos patrones bíblicos que se debe seguir. Esta forma apropiada de discernimiento casi siempre se puede distinguir de la que proviene de las piedras de tropiezo, ya que se atiene a la sabiduría bíblica para juzgar dentro de la iglesia. Primero, se nos ordena ir solos a la persona que creemos que está en pecado, error, o comete una falta. Si no se arrepiente, entonces debemos llevar a otro con nosotros para suplicarle que lo haga. Solo si la persona no se arrepiente, aún después de ello se nos permite llevar el asunto ante la iglesia (véase Mateo 18:15-17).

El mandato del Señor en cuanto a la manera en que debemos amonestar a los que cometen una falta, se dio inmediatamente después de su exhortación acerca de las piedras de tropiezo. Es altamente probable que aquellos que hacen públicas sus acusaciones sin cumplir con este mandato, corran el peligro de volverse piedras de tropiezo, independientemente de cuán acertado sea su juicio. Esta es una transgresión mucho más seria que otros pecados, por lo cual, los líderes tendrían que confrontar como corresponde a los miembros de la iglesia que la cometen. Aunque hay líderes designados en la iglesia para manejar estos asuntos, deben ser extremadamente cuidadosos. Tendríamos que ser los campeones de la necedad para presumir de hacer esto sin la clara comisión del Señor.

Aun si cumplimos con los procedimientos bíblicos para confrontar el pecado, todavía podemos estar equivocados, si lo hacemos con el espíritu incorrecto, como Pablo advirtió a los Gálatas:

Hermanos, aun si alguien es sorprendido en alguna falta, ustedes que son espirituales, restáurenlo en un espíritu de mansedumbre, mirándote a ti mismo, no sea que tú también seas tentado (Gálatas 6:1).

Tenga en cuenta que este mandato es para «restaurar» a un hermano que se encuentra atrapado en «alguna falta». La restauración implica mucho más que el perdón. Deberíamos rechazar el ministerio de cualquiera que lance juicios sobre otros sin una obvia devoción por ver restaurados a los que cuestionan. Aquellos que no siguen los mandatos bíblicos del Señor en Mateo 18, y no muestran un deseo claro de promover la restauración de quienes están en el error, son los criticones a los que se refirió Judas. A estos, se nos ordena no solo que los quitemos de en medio, sino **«…que se fijen en los que causan divisiones y tropiezos en contra de la doctrina que han aprendido, y que se aparten de ellos» (véase Romanos 16:17 RVA-2015).**

Hay una razón por la que aquellos que divulgan sus juicios sobre los demás, generalmente terminan cayendo y de manera pública. Las repercusiones por hablar desde un espíritu crítico acerca de un hermano son sombrías en esta vida, pero serán aún más terribles cuando comparezcamos ante el tribunal del Señor. A los que juzguen, se les medirá de vuelta, con el mismo rasero. Aquellos que muestren misericordia recibirán misericordia; los que den por gracia, eso mismo recibirán. Ya que todos necesitamos desesperadamente misericordia y gracia, dediquémonos de igual forma a ser instrumentos de misericordia y gracia para los demás.

> *Pero Yo les digo que todo aquel que esté enojado con su hermano será culpable ante la corte; y cualquiera que diga: «Insensato» a su hermano, será culpable ante la corte suprema; y cualquiera que diga: «Idiota», será merecedor del infierno de fuego.*

> *Por tanto, si estás presentando tu ofrenda en el altar, y allí te acuerdas de que tu hermano tiene algo contra ti, deja tu ofrenda allí delante del altar, y ve, reconcíliate primero con tu hermano, y entonces ven y presenta tu ofrenda (Mateo 5:22-24).*

Algunos han malinterpretado este texto como si describiera la necesidad de confrontar a alguien contra quien tenemos algo (véase Mateo 18:15), pero no es eso lo que dice. Mientras se nos ordena perdonar a quienes nos hayan agraviado, somos exhortados a ir y remediar lo que alguien pueda tener en contra nuestra. Esto requiere que mostremos misericordia sin esperarla ni exigirla a los demás. La respuesta que las personas den a nuestros esfuerzos de reconciliación queda entre ellos y el Señor; tan solo debe preocuparnos mostrar la conducta correcta por medio de nuestras propias acciones y actitudes.

Esto puede parecer injusto y, de hecho, el Señor no pretende que sea justo. ¡Todos hemos pecado y merecemos la muerte, si se trata de exigir lo que sea justo! Toda ocasión que tengamos de perdonar y mostrar gracia o misericordia es una gran oportunidad para recibir más gracia y misericordia del Señor. Aun así, cuando perdonemos a las personas y les mostremos misericordia hagámoslo en secreto, ante el Padre, Quien puede recompensarnos. Al realizar actos de bondad de tal manera que obtenemos reconocimiento, ya hemos recibido nuestra recompensa.

Se cuenta una historia maravillosa acerca de una cultura del Pacífico Sur, donde los hombres tenían la costumbre de intercambiar vacas como medio para conseguir esposa. Según el criterio prevaleciente, el padre podía esperar recibir dos vacas a cambio de su hija. Una muchacha por encima del «promedio» podía aportar tres vacas al padre. Solo una joven extraordinaria podía conseguir que se aportaran cuatro vacas. Cierto padre tenía una hija tan sencilla y hogareña que esperaba recibir, si acaso, una vaca por ella. También había un sujeto en la isla, considerado el más astuto comerciante. ¡Para sorpresa de todos, este hombre se presentó y ofreció al padre *ocho vacas* por su hija sencilla y hogareña ! La comunidad entera pensó que el sabio comerciante había perdido la razón, pero no pasó mucho tiempo antes de que esta muchacha se transformara en la mujer más bella y agraciada del país. ¡Ella empezó a considerarse a sí misma «una mujer de ocho vacas», y llegó a serlo!

Determinamos el valor de un producto en función de lo que alguien esté dispuesto a pagar por el mismo. ¿Con qué fuimos comprados? ¿Qué precio se pagó por nuestra esposa, marido, nuestros hijos, padres, amigos o jefes? El bien más preciado de toda la creación: la sangre del Hijo de Dios. Es preciso que comencemos a conocernos unos a otros según el Espíritu y a vernos como Dios nos ve. Al hacerlo, empezaremos a ver un cambio tan dramático en algunos, como el que ocurrió con la jovencita poco valorada del Pacífico Sur.

Debemos dejar de crucificar nuevamente al Señor en el otro. Más bien, es tiempo de apreciar al Señor y su obra en cada uno, otorgando al otro, el valor que Él nos dio. Pocas cosas contribuirán tanto a la edificación de todo el cuerpo de Cristo, que comenzar a conocernos según el Espíritu y no según la carne. Oremos para ver solo con Sus ojos, escuchar con Sus oídos y entender con Su corazón. Entonces seremos los hombres y mujeres más astutos y sabios de la tierra. El juicio injusto mata, pero la misericordia da vida. Por eso mismo está escrito:

Así hablen ustedes y así procedan, como los que han de ser juzgados por la ley de la libertad. Porque el juicio será sin misericordia para el que no ha mostrado misericordia. La misericordia triunfa sobre el juicio (Santiago 2:12-13).

Dado que la Palabra también es clara en que cosecharemos lo que sembremos (véase Gálatas 6:7), si queremos recibir la gracia, necesitamos sembrarla cada ocasión que se nos presente. Si queremos recibir misericordia, debemos extenderla cada vez que podamos. Deberíamos andar buscando toda oportunidad de perdonar a las personas, mostrarles misericordia y dar gracia.

Convirtiéndonos en los portavoces de Dios

Entonces dijo así el Señor: «Si vuelves, Yo te restauraré, en Mi presencia estarás; si apartas lo precioso de lo vil, serás Mi portavoz...» (véase Jeremías 15:19).

Cuando comencemos a ver lo precioso en aquello que parece sin valor y a proclamarlo, extrayéndolo, cada uno al otro, empezaremos a convertirnos en el pueblo profético que debemos ser, a fin de cumplir el mandato de Dios para esta hora. Dejemos de crucificar otra vez a Cristo, incluso cuando Él se manifiesta al más pequeño de Sus pequeñitos. Comencemos a reconocerlo, honrarlo y compartirlo unos a otros.

Los fariseos del primer siglo esperaban ver la venida del Mesías en Su caballo blanco, conquistando y reinando. Hoy, cuando muchos cristianos buscan a Cristo entre Su pueblo, esperan la misma gloria y victoria. Este es verdaderamente el estado de Jesús en el cielo, pero si queremos verle entre Sus hijos, a veces necesitamos tener el corazón de Simeón y Ana. Ellos pudieron ver en un simple infante la salvación del mundo entero.

Estamos tan ocupados a veces buscando el fruto, que no vemos la semilla que se ha de convertir en el fruto. Tengamos el discernimiento suficiente para no perder a Cristo de vista, cualquiera que sea la forma en que Él se aparezca. Los verdaderos sabios le adorarán aun cuando se manifieste en Su infancia. Los verdaderos apóstoles todavía velan por que Cristo sea formado en Sus hijos. Los verdaderos profetas siempre buscan a Aquel que han sido llamados a señalar y reconocer, preparando su camino y enderezándolo.

CAPÍTULO 15

LA VIDA ESTÁ EN LA SANGRE

*Ellos tomarán parte de la sangre y la pondrán en los dos postes y
en el dintel de las casas donde lo coman (Éxodo 12:7).*

El ángel de la muerte no pudo tocar las casas en las que se puso la sangre del cordero. Sin la sangre, habrían estado condenados al mismo juicio que le sobrevino a Egipto. Es mediante la aplicación de la sangre de Jesús a nuestra vida que somos librados del juicio de Dios contra el mundo y su pecado, cuya paga es la muerte. Nada más, ni menos, nos salvará.

A Israel ningún bien le habría hecho sacrificar el cordero pascual, a menos que también aplicara su sangre a las casas. De la misma manera, no nos beneficiará tan solo darnos cuenta de que se necesitaba una expiación por nuestros pecados o incluso saber que Jesús hizo tal expiación, a menos que su sangre se aplique a nuestra vida. Conocer los hechos sin aplicarlos no logra nada. Hasta los demonios conocen y creen la doctrina de la salvación. No es entender con nuestra mente; sino creer en nuestro corazón lo que trae la salvación (véase Romanos 10:9-10).

El Señor explicó a través de Moisés que **«la vida de la carne está en la sangre...»** (véase Levítico 17:11).

Somos salvos únicamente por medio de aplicación de la vida de Jesús a nuestra vida: **«Fuimos reconciliados con Dios por la muerte de su Hijo, mucho más, habiendo sido reconciliados, SEREMOS SALVADOS POR SU VIDA» (véase Romanos 5:10).** Esto no se logra con el mero reconocimiento de hechos históricos o la comprensión de principios espirituales; la vida de Jesús debe infundir nuestra vida.

Muchos han llegado a sentirse cómodos en una condición espiritual donde permanecen perdidos, debido a que, a menudo, la vida fue reemplazada por el conocimiento. El solo hecho de acumular conocimientos no significa que estos se hayan aplicado. Uno puede saber todo acerca de la teoría eléctrica, pero será de poca o ninguna ayuda si no enciende el interruptor de la luz.

La adquisición de conocimientos

Se ha presentado un enorme aumento de conocimientos en los últimos años, incluido el conocimiento espiritual. Vamos a necesitar cada pequeño bocado de este saber para cumplir con el mandato que el Señor nos ha dado para este tiempo. Pero la sustitución de la vida por el conocimiento ha llevado a en buena parte a la superficialidad y la ausencia de poder en la iglesia de hoy. El conocimiento solo envanece a menos que conduzca a la transformación y a la vida. El Camino no es una fórmula, sino una Persona. La Verdad no es solo la asimilación y comprensión de hechos espirituales, sino una Persona. Y salvo que lleguemos a conocer a Jesús como nuestra Vida, tampoco habremos conocido realmente ni el Camino ni la Verdad.

Los milagros realizados por el Señor no fueron hechos solo para impresionarnos con su poder; estaban destinados a transmitir un mensaje. Su primer milagro es el que debemos comprender inicialmente. A través de éste, le estaba mostrando a su recién reunido grupo de discípulos la obra inicial que debía llevarse a cabo en ellos. En las bodas de Caná el Señor ordenó que las tinajas fueran puestas aparte. Estas tinajas representaban a los discípulos. Él hizo entonces que las llenaran con agua, la cual es símbolo de la Palabra de Dios. Luego, convirtió el agua en vino, testificando que la Palabra sería transformada en Espíritu y Vida.

Una vez que hayamos probado este vino, nunca más volveremos a estar satisfechos solo con agua. No anhelaremos únicamente que el Señor nos llene hasta el borde con agua, sino que esperaremos con paciencia para servir esa agua a otros, hasta que Él la convierta en el mejor vino. Esto es lo que Pablo quiso decir al afirmar: **«cuando Dios, que me apartó desde el vientre de mi madre y me llamó por Su gracia, tuvo a bien revelar a Su Hijo en mí** (*no solo a él*)**, para que yo lo anunciara…»** (véase Gálatas 1:15-16).

Pablo explicó cómo la sangre fue aplicada a su vida cuando declaró: **«Con Cristo he sido crucificado** [*tiempo pasado*]**, y ya no soy yo el que vive, sino que Cristo vive en mí…»** (véase Gálatas 2:20). La salvación es más que el perdón de los actos pecaminosos; ¡es la liberación del mal que habita en nosotros y que causa tales actos! La crucifixión de Jesús logró por nosotros un intercambio ampliamente favorable: nuestro cuerpo de muerte por Su vida resucitada. Es cierto que para participar de Él debemos morir a nuestra vida, intereses, y a nuestra voluntad, pero ninguna criatura en toda la creación hará jamás una transacción más rentable.

La comunión

Comerán la carne esa misma noche, asada al fuego, y la comerán con pan sin levadura y con hierbas amargas (Éxodo 12: 8).

Entonces Jesús les dijo: «En verdad les digo, que si no comen la carne del Hijo del Hombre y beben Su sangre, no tienen vida en ustedes.

El que come Mi carne y bebe Mi sangre, tiene vida eterna, y Yo lo resucitaré en el día final.

Porque Mi carne es verdadera comida, y Mi sangre es verdadera bebida.

El que come Mi carne y bebe Mi sangre, permanece en Mí y Yo en él. Como el Padre que vive me envió, y Yo vivo por el Padre, asimismo el que me come, él también vivirá por Mí» (Juan 6:53-57).

«Somos lo que comemos» es un axioma común en relación con los alimentos naturales, igualmente cierto al aplicarlo a nuestro alimento espiritual. Si participamos del Señor Jesús, el Árbol de la Vida, nos convertiremos en esa Vida. Jesús no dijo «el que haya comido mi carne», sino **«el que come»**, o el que continúa comiendo. Esto habla de nuestra necesidad de participar continuamente de Él y permanecer en Él. Jesús es el verdadero Maná del cielo (véase Juan 6:58). Así como Israel tuvo que recoger cada día maná fresco, porque se echaría a perder si lo almacenaba, nosotros también debemos buscarle dispuestos a ser renovados a diario. La revelación del día anterior no puede sustentarnos. No podemos separar un día a la semana para ser espirituales y esperar permanecer en Él los otros seis. Él debe ser nuestra novedad cada mañana.

Cuando el Señor habló de comer su carne y beber su sangre, desde luego no se refería a éstas físicamente, sino a lo que simbolizan: Su vida y Su cuerpo, la iglesia (somos hueso de Sus huesos y carne de Su carne). La mayoría de los que escucharon esto quedaron perplejos y se apartaron de Él (véase Juan 6:66). Aunque los confusos líderes de la iglesia luego redujeron esta verdad al ritual de la Eucaristía, Jesús no solo nos enseñaba un ritual, sino una realidad.

Participar del ritual no es lo mismo que participar *de Él*. La ceremonia de la Cena del Señor nos fue dejada como recordatorio, no como sustituto. Cuando dicho ritual usurpó la realidad, la vida misma del Señor fue removida de la Iglesia, y luego ésta se hundió en el oscurantismo de la Edad Media, calificativo apropiado para la depravación espiritual de aquellos tiempos.

El apóstol Pablo explicó el significado de este ritual a los corintios: **«La copa de bendición que bendecimos, ¿no es la comunión de la sangre de Cristo? El pan que partimos, ¿no es la comunión del cuerpo de Cristo?» (1 Corintios 10:16 RVA-2015).** Originalmente la expresión *comunión* constaba de dos palabras que se fusionaron para formar una: *común* y *unión*. Es la traducción del término griego *'koinonia'*, que se define como «el uso de algo en común». No nos une el pan y el vino, sino lo que estos representan a manera de símbolos: el cuerpo y la sangre de Jesús.

La *ceremonia* que llamamos comunión no es una comunión real; es un testimonio simbólico de que, quienes participan de ello, tienen *en común su unión con Cristo. Jesús* es nuestra comunión; Él nos une. La ceremonia simplemente resalta al Proveedor del vínculo. Pablo advirtió a los corintios:

Porque yo recibí del Señor lo mismo que les he enseñado: que el Señor Jesús, la noche en que fue entregado, tomó pan,

y después de dar gracias, lo partió y dijo: «Esto es Mi cuerpo que es para ustedes; hagan esto en MEMORIA de Mí».

De la misma manera tomó también la copa después de haber cenado, diciendo: «Esta copa es el nuevo pacto en Mi sangre; hagan esto cuantas veces la beban en MEMORIA de Mí».

Porque todas las veces que coman este pan y beban esta copa, proclaman la muerte del Señor hasta que Él venga.

De manera que el que coma el pan o beba la copa del Señor indignamente, será culpable del cuerpo y de la sangre del Señor.

Por tanto, examínese cada uno a sí mismo, y entonces coma del pan y beba de la copa.

Porque el que come y bebe sin discernir correctamente el cuerpo del Señor, come y bebe juicio para sí.

Por esta razón hay muchos débiles y enfermos entre ustedes, y muchos duermen (1 Corintios 11:23-30).

Tengamos discernimiento en cuanto al Cuerpo

Si no discernimos correctamente el cuerpo de Cristo, pronunciamos un juicio contra nosotros mismos cuando participamos del pan y del vino. Dicho de otra forma, si participamos en el ritual asumiendo que este cumple con nuestra obligación de permanecer en comunión con Cristo, nos engañamos a nosotros mismos y no podemos acceder a la verdadera Vida. La sustitución de la realidad por los rituales ha privado repetidamente a las personas de la redención y salvación. **«Por esta razón hay muchos débiles y enfermos entre ustedes, y muchos duermen» (1 Corintios 11:30).** Un miembro amputado del resto del cuerpo físico se debilita y muere rápidamente. Lo mismo sucede cuando nos cercenamos de nuestro cuerpo espiritual, la Iglesia.

El apóstol Juan declaró: **«Pero si andamos en la Luz, como Él está en la Luz, tenemos comunión (***del griego* **'***koinonia***')** **los unos con los otros, y la sangre de Jesús Su Hijo nos limpia de todo pecado» (1 Juan 1:7).** El

Señor dijo que la vida está **«en la sangre» (véase Levítico 17:11).** Si tenemos «comunión» con Él, estamos unidos en un cuerpo bajo la Cabeza, de modo que Su sangre que da la vida pueda fluir a través nuestro.

Estar debidamente unidos al cuerpo de Cristo no es una opción, si la vida verdadera va a fluir a través de nosotros. Pero tampoco reemplacemos el *estar unidos a la Cabeza* por *estar unidos al cuerpo.* Según muchas definiciones populares y modernas de lo que significa *estar unidos* al cuerpo del Señor, se ha vuelto posible, e incluso común, permanecer unidos al cuerpo sin necesidad siquiera de tener una relación con la Cabeza.

Durante la última mitad del siglo XX, la Iglesia hizo mucho hincapié en unir a las personas al cuerpo, enfatizando muy poco en que estemos unidos a la Cabeza. Si estamos correctamente unidos a la Cabeza lo estaremos también al cuerpo, pero lo contrario no es cierto en todos los casos. No debemos «ensillar antes de traer la bestia» en este aspecto.

Por supuesto, muchos usan la excusa de que buscan al Señor, en un esfuerzo por evitar tener una relación con la iglesia. Pedro lo puso de relieve al referirse a las enseñanzas de Pablo: **«...en todas sus cartas habla en ellas de esto; en las cuales hay algunas cosas difíciles de entender, que los ignorantes e inestables tuercen, como también tuercen el resto de las Escrituras, para su propia perdición» (2 Pedro 3:16).**

Siempre habrá muchos que tergiversen hasta la doctrina más básica y sana. Estar unidos al Señor y a su cuerpo no es cuestión de elegir lo uno o lo otro. Debemos tener ambas cosas y no es posible contar con una prescindiendo de la otra. Primero debemos apreciar nuestra relación personal con el Señor, pero también relacionarnos adecuadamente con su cuerpo, si es que queremos tener vida. Él dijo que debemos «comer su carne» y «beber su sangre».

Debemos comernos todo

Ustedes no comerán nada de él crudo ni hervido en agua, sino asado al fuego, tanto su cabeza como sus patas y sus entrañas. No dejarán nada de él para la mañana… (véase Éxodo 12:9-10).

Algunas personas se han vuelto muy peculiares con respecto al evangelio, como si de ellas dependiera elegir los aspectos de la redención que necesitan. Si vamos a participar de su Pascua, debemos aceptar cada parte del Señor. Él no nos dio la opción de elegir lo que queramos. Tal como declaró en la parábola, debemos comprar todo el campo en el que se encuentre la perla de gran precio.

Cuando el Señor comisionó a sus seguidores para que fueran e hicieran discípulos de todas las naciones, se aseguró de especificar : **«enseñándoles a guardar TODO lo que les he mandado…» (véase Mateo 28:20).** Al llegar ante Él con condiciones sobre cuáles de sus mandamientos vamos a aceptar, anulamos el poder mismo del Evangelio. A menudo lo que más necesitamos es aquello que, sobre el papel, representa una mayor amenaza para nosotros.

El asunto específico que nos intimida es el menos relevante; ponernos exigentes y elegir lo que queremos es un rechazo a su Señorío. No le podemos recibir como Salvador a menos que Él también venga como Señor. Es la aceptación de su absoluto señorío lo que nos libra del egocentrismo que lleva a la muerte. Aquellos que afirman haberle recibido como Salvador pero continúan viviendo según su propia voluntad están bajo engaño. La verdadera salvación es el rescate de la obstinación y el individualismo, a cambio de Su vida. Si Él no es el Señor de todo, no es de ningún modo el Señor.

Despojamos el Evangelio del poder para salvar cuando transigimos a fin de hacerlo «aceptable», o por cualquier otro motivo. La liberación del poder de las tinieblas no se logra con solo «pasar la página» y hacer algunos cambios en nuestra vida. La verdadera liberación nos salva del «YO HARÉ», tan firmemente arraigado en nuestra naturaleza caída. Nos libra de los vanos esfuerzos por construir nuestras propias torres que lleguen al cielo.

La más original y exitosa de las tentaciones de Satanás ha sido que podríamos ser «como Dios» (véase Génesis 3:5). ¡El error más destructivo del hombre es su determinación de ser su propio señor! El mundo entero admira e imita a los hombres «que triunfan *a pulso* (por su propio esfuerzo)». No obstante, si alguien triunfa por su propio esfuerzo, en realidad obstaculiza el propósito de su existencia: ser hecho a la imagen de su Creador. Los hombres *hechos a sí mismos* son fracasos supremos. **«¿qué provecho obtendrá un hombre si gana el mundo entero, pero pierde su alma?» (véase Mateo 16:26).**

El sacrificio de la Pascua de Jesús no solo nos cubrió con Su sangre, sino que nos limpió, destruyó al ángel de la muerte, el cuerpo del pecado y nuestra soberbia. Cualquier evangelio que predique la salvación sin una entrega completa tampoco ofrece salvación. Es un enemigo del verdadero evangelio. Un evangelio que contemporiza solo nos hace inmunes a la verdad.

Porque el que quiera salvar su vida, la perderá; pero el que pierda su vida por causa de Mí, la hallará. (Mateo 16:25).

Si queremos la vida de Jesús debemos estar dispuestos a compartir Su muerte. Un hombre tuvo que dejarlo todo cuando el Señor lo llamó: **«Así pues, cualquiera de ustedes que no renuncie a todas sus posesiones, no puede**

ser Mi discípulo» (Lucas 14:33). Sea que Él requiera esto de nosotros literalmente o solo en nuestro corazón, debe ser genuino y completo. Todos debemos aprender las lecciones de Job, quien tuvo que perder todo excepto al Señor, antes de comprender que todo lo que necesitaba era a Él. Un hombre que solo necesita a Jesús no será cautivo por nada ni por nadie, con excepción de Él.

La Iglesia hoy está fragmentada. Asumimos la libertad de elegir por nuestra cuenta qué partes del cuerpo de Cristo aceptaremos. Como es natural, nos inclinamos por lo que resulta más cómodo. El resultado ha sido un desequilibrio desgastante en la mayoría de las congregaciones. Quienes experimentan una carga por el evangelismo se encuentran en un grupo, los que la tienen por el ministerio pastoral en otro, y los profetas en uno diferente. Una congregación es solo «pies», otra «manos» y otra «ojos».

Estos cuerpos son sustitutos grotescos del cuerpo perfecto que Cristo está determinado a tener. Cada miembro debe estar apropiadamente unido a los demás, para que el cuerpo funcione de manera correcta. Gozar de un corazón perfecto no serviría de nada sin los pulmones, los riñones y el hígado. En la actualidad tenemos todos los corazones en un solo lugar afirmando ser el cuerpo, todos los hígados en otro, y así sucesivamente. Debe existir un intercambio, interrelación y la unión adecuada de las distintas partes del cuerpo, antes de que este pueda funcionar eficazmente.

Los pastores tienen una naturaleza cautelosa dada por Dios que protege al rebaño. Los profetas son visionarios por naturaleza, pero también suelen ser osados. Sin el equilibrio y la influencia del ministerio profético, los pastores tienden a estancarse, adoptando la rigidez en sus caminos. Sin la influencia de los pastores, los profetas se irán a los extremos, al tener visiones que nadie sabe cómo cumplir en la práctica.

Los maestros, por naturaleza, suelen ser muy pragmáticos, lo cual es esencial para una clara impartición de la Palabra. Pero, si no cuentan con el empujón de los demás ministerios, tienden a reducir la vida cristiana a principios y fórmulas que se aprenden de memoria.

Los evangelistas, dados a enfocarse en las necesidades de los perdidos, se olvidan con frecuencia de nutrirlos y hacerlos madurar. A pesar de ello, sin los evangelistas, la iglesia se olvida rápidamente de los inconversos.

Debido a que los apóstoles están llamados a ser evangelistas, profetas, pastores y maestros, tienen por lo general una naturaleza más equilibrada y son dados con el propósito de mantener a la iglesia en el camino correcto.

La unidad del Espíritu no es lo que resulta del conformismo; es una unidad de diversidad. Por este motivo, el Señor dio diversos ministerios: apóstoles, profetas, evangelistas, pastores y maestros, a fin de capacitar a los creyentes (véase Efesios 4:11-12). Debemos abrazar todos los ministerios. Para participar del cuerpo del Señor es necesario «comernos todo».

Se nos exhorta a crecer **«...en todos los aspectos en Aquel que es la cabeza» (véase Efesios 4:15)**. A los apóstoles se les indicó que hablaran **«...al pueblo todo el mensaje de esta Vida» (véase Hechos 5:20)**. El salmista discernió que **«La SUMA de Tu palabra es verdad...»** (véase Salmos 119:160). Las verdades individuales pueden distraernos de la Verdad; alejarnos del Río de la Vida hacia los afluentes que lo alimentan.

Casi todas las denominaciones son levantadas alrededor de un énfasis particular. Pueden enseñar otros aspectos, pero hacen hincapié en una pequeña porción de la revelación de Dios. Cada vez que centremos nuestra atención en una parte del todo, nuestro alcance será limitado. Solo cuando nos enfocamos en la Verdad (Jesús), todas las verdades adoptan su perspectiva correcta. Jesús es la suma de la Palabra de Dios.

A menos que veamos a Jesús como la suma de toda la verdad espiritual, somos como los ciegos del proverbio que intentaban comprender al elefante: uno pensó que era un árbol, porque encontró una pata; otro, que era un abanico, porque halló una oreja; otro, que era un látigo, porque dio con la cola, y así sucesivamente. Todos tenían la razón; aunque todos ignorarían la verdadera naturaleza del elefante hasta que pudieran percibir el conjunto.

Los aspectos individuales de la Palabra de Dios pueden interpretarse falsamente si están apartados del conjunto de la Palabra completa. El Señor destacó el hecho de que las Escrituras tienen vida eterna en ellas solo si dan testimonio de Él (véase Juan 5:39-40). El énfasis excesivo en un área revela una comprensión parcial e incompleta del todo. Pablo explicó a los hebreos: **«Dios, habiendo hablado hace mucho tiempo, en muchas ocasiones y de muchas maneras a los padres por los profetas, en estos últimos días nos ha hablado por Su Hijo...» (véase Hebreos 1:1-2).** El Padre ya no nos ofrece porciones. Nos ha dado todo el Pan.

Podemos tener tal visión del cuerpo unido y perfeccionado de Cristo, que con seguridad esta iglesia atraerá a todos los hombres. Sin embargo, la Iglesia no debe atraer a los hombres hacia sí misma, sino cumplir el encargo de capacitar a aquellos a quienes el Señor atraiga. ¡Solo cuando ÉL sea exaltado los hombres se unirán y serán atraídos por Jesús! El rey David lo captó y escribió el «Salmo de la unidad»: **«Miren cuán bueno y agradable es que los hermanos habiten juntos en armonía. Es como el óleo precioso SOBRE LA CABEZA (*Jesús*), el cual desciende sobre la barba . . . que desciende hasta el borde de sus vestiduras» (Salmos 133:1-2).**

Si ungimos la Cabeza con nuestra adoración y devoción el aceite descenderá y cubrirá todo el cuerpo (de Cristo). Algún día habrá una iglesia perfeccionada en la unidad, pero es probable que ni siquiera se dé cuenta de cuán gloriosa es. Su atención estará puesta en Jesús, no en ella misma.

CAPÍTULO 16

EL ESPÍRITU OBRA

De esta manera lo comerán: ceñidas sus cinturas, las sandalias en sus pies y el cayado en su mano, lo comerán APRESURADA-MENTE. Es la pascua del Señor (véase Éxodo 12:11).

La fiesta de los panes sin levadura formó parte de la Pascua (véase Éxodo 12:14-20). Durante siete días, comenzando por el primer día de la Pascua, Israel no podía comer pan con levadura. Esto con el propósito de recordar a los israelitas su huida de Egipto, cuando salieron con tanta prisa que su pan no tuvo tiempo de fermentarse:

De la masa que habían sacado de Egipto, cocieron tortas de panes sin levadura, pues no se había leudado, ya que, al ser echados de Egipto, no pudieron demorarse (véase Éxodo 12:39).

Dada su cualidad permeable, el fermento (la levadura) es un símbolo del pecado en la Escrituras:

…¿No saben que un poco de levadura fermenta toda la masa?

Limpien la levadura vieja para que sean masa nueva, así como lo son en realidad sin levadura. Porque aún Cristo, nuestra Pascua, ha sido sacrificado.

Por tanto, celebremos la fiesta no con la levadura vieja, ni con la levadura de malicia y maldad, sino con panes sin levadura de sinceridad y de verdad (véase 1 Corintios 5:6-8).

La levadura también es un símbolo de la doctrina de naturaleza legalista. El Señor advirtió a sus discípulos: **«... cuídense de la levadura de los fariseos y saduceos» (Mateo 16:6).** No mucho tiempo después de que el evangelio comenzara a difundirse, algunos fariseos que se convirtieron intentaron someter a la joven iglesia al yugo de la ley. Satanás estaba tratando de seducir a la joven esposa de Cristo con el mismo engaño que usó para seducir a la esposa del primer Adán: comer del árbol del conocimiento del bien y del mal. Tras una gran controversia, los apóstoles y los ancianos, enviaron un mensaje a todas las iglesias, en lo que se considera un comunicado histórico y de la mayor importancia:

Porque pareció bien al Espíritu Santo y a nosotros no imponerles mayor carga que estas cosas esenciales:

que se abstengan de lo que ha sido sacrificado a los ídolos, de sangre, de la carne de animales que han sido estrangulados y de fornicación. Si se guardan de tales cosas, harán bien. (Hechos 15:28-29).

El diccionario Webster del Nuevo Mundo define la levadura como «una sustancia constituida por hongos capaz de hacer fermentar, especialmente la masa». El mismo diccionario enuncia la fermentación como «un estado de alteración; agitación; conmoción; inquietud». Los apóstoles y ancianos de Jerusalén notaron que los fariseos conversos poseían las mismas características en la iglesia: **«Puesto que hemos oído que algunos de entre nosotros, a quienes no autorizamos, los han inquietado con sus palabras, perturbando sus almas» (véase Hechos 15:24).** Tales son las características de la levadura espiritual.

Las doctrinas que perturban e inquietan al cuerpo de Cristo con frecuencia tienen sus raíces en el legalismo. Se ejerce una presión continua para que la iglesia camine con base en principios y/o fórmulas para ganar madurez. Estas doctrinas por lo general parecen **«…buenas para comer… agradables a los ojos y… deseables para alcanzar sabiduría…» (Génesis 3:6).** Satanás no podría tentarnos si el fruto no fuera apetecible. Las leyes, fórmulas y principios son llamativos, porque ofrecen la seguridad de un producto conocido. Caminar según la ley o los principios nos proporciona el control que solicita nuestra inseguridad. Pero esta es una seguridad falsa. Se basa en nosotros mismos, más que en el Único que ofrece la verdadera seguridad.

Una justicia superior a la ley

«Porque todos los que son guiados por el Espíritu de Dios, los tales son hijos de Dios» (Romanos 8:14). Como se trató anteriormente, andar en el Espíritu no significa dejar de guardar la ley. Si caminamos por el Espíritu, hacemos más que guardar la ley: ¡la cumplimos! Por ejemplo, la ley dice que no debemos codiciar la esposa o la propiedad de nuestro prójimo. El Espíritu nos llama a un camino aún más elevado, a amar a nuestro prójimo. Si amamos a nuestro prójimo, por supuesto que no codiciaremos lo que sea suyo, ni le causaremos daño en forma alguna.

El Espíritu no solo ordena amar, sino que imparte la capacidad de hacerlo con Su amor. Jesús no vino a destruir la ley, sino a cumplirla. Él vino para elevarnos por encima de la ley, dándonos el poder de exceder sus requerimientos.

Andar en el Espíritu es vida, paz y plenitud, pero cuesta. Es difícil, porque la carne lucha contra el Espíritu. La naturaleza «YO HARÉ» de Caín que reside en nuestro interior no se someterá fácilmente al Espíritu. Hay una determinación en la carne de «ser como Dios» y gobernar su propio destino. Esta determinación de controlar se resiste desesperadamente a ceder el control. Pero si hemos de vivir por el Espíritu, solo Jesús debe ser nuestro Amo.

Resulta más fácil fijar reglas que ser sensibles al Espíritu. Las normas pueden traer orden y aliviar muchas presiones, pero no pueden cambiar al hombre interior. Se acerca un tiempo en que las normas no podrán hacer frente al caos. Debemos contar con un fundamento más sólido. Si buscamos orden y seguridad en nuestra religión, perderemos ambos.

El miedo al engaño no nos librará del engaño; nos conducirá a este. No debemos caminar por temor sino por fe. Las Escrituras testifican que lo único que nos mantendrá alejados del fraude es amar la Verdad: a Jesús (véase 2 Tesalonicenses 2:10). Cuando abrimos nuestras cortinas por la noche, la oscuridad no entra, más bien la luz brilla en la oscuridad. La luz vence a la oscuridad porque es más poderosa.

Si buscamos hacer la voluntad de nuestro Padre y servirle, encontraremos un orden y una seguridad que ninguna clase de caos puede superar. Debemos ser capaces de escuchar y distinguir Su voz entre todas las demás voces del mundo. Cuando llegue la sacudida, y esta sin duda vendrá (véase Hebreos 12:25-29), conocer Su voz y seguirle será la única seguridad verdadera que tendremos.

¿Significa esto que debemos eliminar todas las leyes, reglas y normas de la sociedad? ¡Desde luego que no! El apóstol explicó: **«Pero nosotros sabemos que la ley es buena, si uno la usa legítimamente. Reconozcamos esto: que la ley no ha sido instituida para el justo (*los que están en Cristo*), sino para los transgresores y rebeldes, para los impíos y pecadores, para los irreverentes**

y profanos…» (véase **1 Timoteo 1:8-9**). Las leyes y normas son necesarias en el mundo, para mantener un mínimo de orden hasta que venga el reino, pero es inútil usarlas para imponer la disciplina espiritual; solo el Espíritu puede engendrar lo que es del Espíritu.

La Biblia es el manual de instrucciones de Dios para los seres humanos. Contiene la más elevada sabiduría jamás escrita. Ofrece enseñanzas importantes sobre cómo los seres humanos interactúan realmente, describiendo con precisión nuestro potencial y las causas de nuestros problemas. Con todo lo maravilloso que es este obsequio, la Biblia nos fue dada para guiarnos a Jesús, no para ocupar su lugar.

El orden espiritual

Asombrosamente, las Escrituras dicen poco sobre el gobierno de la Iglesia. Por eso es esencial que las ovejas de Jesús reconozcan Su voz. La Iglesia debe ser gobernada y guiada por la Cabeza y no por fórmulas ni estructuras organizacionales. La Iglesia es, ante todo una familia, no una institución. Cesamos de ser la Iglesia cuando, en lugar de conformar una familia, comenzamos a convertirnos en una organización.

Las familias se rigen por las relaciones, no solo por las normas. El Señor omite a propósito dar detalles sobre asuntos importantes, de modo que tengamos que buscarle. El Nuevo Testamento está lleno de los mejores consejos que el mundo haya escuchado jamás, pero el Señor y sus apóstoles tuvieron cuidado de no fijar muchas reglas y normas generales para las iglesias. Sabían que cada regla tenía el potencial de impedir que los creyentes buscaran al Señor por su cuenta, y pasar inadvertida.

La obra transcendental que realiza el Espíritu en nosotros es desarrollar una relación vital con Él. El Espíritu fue enviado para guiarnos a Jesús. Al utilizarse como una colección de reglamentos, la Biblia se convierte en la letra que mata, el árbol del conocimiento, e incluso en un ídolo. Apropiadamente usada, nos lleva hacia Él y nos ayuda a caminar con Él, permanecer en Él y conocerlo, no solo *saber acerca de Él.*

Los fariseos enfrentaban cada problema con una nueva regla. El Señor se refirió a sus doctrinas como la levadura, porque causaron inquietud y conmoción entre la gente. Cuando tratamos de enfrentar los problemas en la Iglesia con nuevas normas, esparcimos levadura. Estas solo limpian lo externo, al igual que las doctrinas de los fariseos, pues no pueden abordar el verdadero problema. Pueden traer cierto grado de control y orden, ¡pero el orden más absoluto que se ha encontrado entre la gente está en el cementerio!

Eso es lo que normalmente obtenemos al final cuando el orden reemplaza a la relación con el Señor: un cementerio espiritual. ¡Los muertos no causan problemas! Quienes estén espiritualmente muertos van a tener una iglesia ordenada. Pero el Señor vino a dar vida en abundancia (véase Juan 10:10). Esa abundancia no determina que todo sea bueno; ¡solo significa que hay mucho acerca de esa vida! Incluye lo bueno y lo malo.

Vivir según regulaciones ofrece un orden externo, pero genera inquietud y desasosiego internos. No hay reposo verdadero en la ley hasta la muerte, porque esta convierte a los hombres en máquinas o zombis, en lugar de seres humanos capaces de tener una relación con su Creador. Jesús es el **«Señor del día de reposo» (véase Mateo 12:8),** o el Señor del descanso. Al permanecer en Él tenemos vida y paz. Él nos dice: **«Estén quietos, y sepan que YO SOY Dios…» (véase Salmos 46:10).** La ley nos hace mirarnos a nosotros mismos, donde solo encontramos muerte y corrupción. El Espíritu nos muestra a Jesús y enciende un anhelo que nos mantiene siempre en Su búsqueda.

El salmista dice: **«La exposición de Tus palabras imparte luz…» (véase Salmos 119:130).** Existe una profundidad insondable de revelación que aún no hemos descubierto en la Palabra de Dios, incluso en lo que respecta a las doctrinas más básicas. Es un terrible error conformarnos con nuestro nivel actual de conocimiento y comprensión. Todos vemos a través de un vidrio oscuro. No podemos conocer nada completamente hasta que conozcamos completamente a Dios. **«Pero la senda de los justos es como la luz de la aurora, que va aumentando en resplandor hasta que es pleno día» (Proverbios 4:18).** Cuando la verdad deja de aumentar en nuestro andar diario, empezamos a vivir en la oscuridad.

El agua se usa con frecuencia en las Escrituras como símbolo de la Palabra de Dios (véase Efesios 5:26). Cuando el Señor se vale de un ejemplo del mundo natural para comunicar una realidad espiritual, es porque sus características reflejan la naturaleza de lo espiritual. Una característica importante del agua es que debe mantenerse fluyendo para permanecer pura. Tan pronto se detiene en un solo lugar, se estanca muy rápidamente. Lo mismo ocurre con la Palabra de Dios. Toda revelación de la verdad en nuestra vida debería aumentar continuamente, y nosotros, profundizar en ella. Por tal motivo, el Río de la Vida es justo eso: ¡un río! No es un estanque ni un lago, fluye, se mueve y va a alguna parte. Un viejo sabio comentó alguna vez: «Ningún hombre puede cruzar el mismo río dos veces».

Tener una verdad en constante expansión es una amenaza para quienes comparten el espíritu de los fariseos. Aunque sienten celo por el Señor y desean la pureza de la verdad, su seguridad real está en las tradiciones humanas con las que aíslan la verdad. Con los que son de este espíritu se genera, en la práctica, una elevación de la ortodoxia al mismo nivel de la revelación bíblica, por más que ellos nieguen con vehemencia que esto sea así. Cuando anhelemos una comprensión y percepción más profundas, existe la posibilidad de revelaciones erróneas. Pero si no buscamos una revelación más profunda, ya hemos cometido un error fatal y debilitante. Tener la verdad no nos guardará del engaño, pero amar la verdad sí lo hará.

Debemos comer con prisa

El pan de Israel no tuvo tiempo para fermentarse, porque los israelitas salieron apresuradamente de Egipto. De la misma manera, si seguimos avanzando con el Espíritu, nuestro «pan» no tendrá tiempo para fermentarme con el pecado, la maldad ni el legalismo. Nuestro «pan» se infecta cuando dejamos de avanzar y crecer.

Hemos hablado de cómo el cordero pascual fue llevado dentro de cada casa de Israel, a fin de ser examinado con rigor durante cinco días antes del sacrificio, y cómo esto puede evocar la necesidad de examinar a conciencia a Cristo, antes de hacer un compromiso. No obstante vemos aquí que, una vez hecho el compromiso, debemos movernos de prisa para abandonar la tierra de Egipto.

Es interesante notar la inmediatez con que un nuevo creyente era bautizado en la iglesia primitiva. Esto muestra que, una vez hecho un verdadero compromiso, este debe sellarse enseguida con el precepto bíblico dado para una demostración pública de la fe, que son las aguas del bautismo. En ninguna parte de las Escrituras encontramos cosas como el llamado al altar, a levantar las manos, o el sinnúmero de costumbres que hemos adoptado como sustitutos del ritual bíblico del bautismo de inmediato. Estos recursos del ser humano, instituidos más por razones de conveniencia, con frecuencia han demostrado ser contraproducentes a la hora de sellar el compromiso del nuevo creyente.

¿Cómo no tendrá un impacto mucho mayor la «decisión» sobre los nuevos conversos si cumplimos fielmente con el mandato bíblico del bautismo de inmediato? ¿Cuánto más no se afirmará su determinación, como una poderosa señal en su vida, si solo pudieran apreciar un testimonio bíblico de sus acciones, en lugar del vago e incierto recorrido por el pasillo hacia el altar, o un tímido levantamiento de las manos preguntándose si realmente sucedió algo?

CAPÍTULO 17

NINGÚN EXTRAÑO PUEDE COMER DE ELLA

…Esta es la ordenanza de la Pascua: ningún extranjero
(**extraño**) *comerá de ella (véase Éxodo 12:43).*

A medida que la Iglesia crezca en la gracia y el conocimiento de nuestro Señor nos volveremos más tolerantes, pero esto no significa que seamos omnicomprensivos. La historia da testimonio de que cada restauración de la verdad en la Iglesia es vulnerable ante la amenaza de ser diluida o borrada por las grandes multitudes que la abrazan. Nuestra tendencia de buscar la seguridad a través de la aprobación de los números le ha costado enormemente a la Iglesia, al diluir el poder de la verdad pura y absoluta. Se nos advierte que tengamos cuidado cuando todos los hombres piensen bien de nosotros. ¿No aclamó la gente con gran efusividad a los falsos profetas? (véase Lucas 6:26) Debemos estar seguros solo de nuestra justificación y aprobación de parte de Dios. **«Temer a los hombres resulta una trampa…»** (**véase Proverbios 29:25 NVI**).

Una puerta tiene dos funciones: dejar entrar a las personas y mantenerlas fuera. Jesús es la Puerta. Ponemos en peligro tanto a la congregación como a los inconversos cuando permitimos que se unan a la iglesia quienes no han pasado por la Puerta. Esto no significa que las personas inconversas deban ser excluidas de nuestros servicios, pero no deberían ser incluidas como miembros del cuerpo de Cristo hasta que se hayan unido a la Cabeza.

La vana adoración

Los nuevos edificios, centros de desarrollo comunitario, proyectos y programas atraen a muchas personas a las iglesias. Es posible que también hayan ayudado a mantener a algunos en ellas. Pero nunca han traído un hombre a Cristo. Podemos pensar incluso que la dinámica espiritual de nuestra congregación atraerá a los hombres hacia Él, pero nunca lo hará. La iglesia en realidad puede ser una distracción y un obstáculo para la verdadera conversión, si admite la membresía de personas sin el nuevo nacimiento en Jesús. La mera asistencia a la iglesia y el activismo pueden, por el contrario, oponerse a la convicción que el Espíritu Santo intenta traer a nuestra vida, estimulando la sensación de seguridad en una condición espiritual en la que permanecemos perdidos.

Una de las primeras cosas que Dios dijo fue que no era bueno que el hombre estuviera solo. Él nos hizo criaturas sociales y, por lo tanto, todos anhelamos desarrollar fuertes lazos sociales. La verdadera Iglesia es la entidad social más dinámica que el mundo haya conocido. Debemos cuidar que las personas no se sientan atraídas a nuestras congregaciones, sino al Señor. Es común que los seres humanos digan las cosas correctas, cambien su conducta externa y hasta crean sinceramente las doctrinas de Cristo en su mente, sin conocer a Jesús en su corazón. Es posible que seamos bastante «espirituales» y sin embargo no le conozcamos, tal como el Señor mismo advirtió:

Muchos me dirán en aquel día: «Señor, Señor, ¿no profetizamos en Tu nombre, y en Tu nombre echamos fuera demonios, y en Tu nombre hicimos muchos milagros?». Entonces les declararé: «Jamás los conocí; apártense de Mí, los que practican la iniquidad» (Mateo 7:22-23).

Como el sarmiento no puede dar fruto por sí mismo si no permanece en la vid, así tampoco ustedes si no permanecen en Mí (Juan 15:4).

Unirse a la iglesia a través de Cristo trae vida y poder, pero buscar la unión con Cristo a través de la iglesia resulta inútil. A menudo hemos facilitado que otros se adhieran al cuerpo sin estar unidos a la Cabeza. Cierto, uno no puede unirse a Cristo sin estar unido a Su cuerpo. Aun así, Pablo presentó minuciosamente a Cristo crucificado ante los inconversos. Comprendió que, si las personas se sentían atraídas por algo diferente a Jesús, la conversión podría ser falsa. La confianza de Pablo no estaba en la psicología o en la metodología. Usó algo mucho más poderoso: EL EVANGELIO.

Existe un gran peligro en «no discernir correctamente el cuerpo» y en permitir que se unan a nosotros aquellos que no han pasado por la Puerta. También es aventurado presumir que conocemos la condición espiritual de otra persona o de su posición ante Dios, cuando esto no es obvio. Hay ciertas verdades básicas en las que debemos estar de acuerdo para caminar juntos, esencialmente la expiación y el señorío de Jesús. Sin embargo, cuando nos basamos exclusivamente en doctrinas que pretenden ir más allá de la revelación de Jesús como la Puerta, corremos el peligro de separarnos del cuerpo de Cristo y convertirnos en una secta o culto.

La morada de Dios

El Tabernáculo de Moisés fue una imagen tanto del Señor Jesús como de la iglesia, ya que ambos debían ser la morada de Dios. En el Tabernáculo de Moisés, cuanto más se acercaba uno a la presencia del Señor, más santificado se requería que estuviese. Nuestra situación es similar. El apóstol exhorta: **«Busquen la paz con todos (tolerancia), y la santidad** (separación)**, sin la cual nadie verá al Señor» (Hebreos 12:14).**

Cuando se construyó el Tabernáculo de Moisés y se consagró para su uso, un hombre no santificado no podía entrar al Lugar Santo, ni siquiera mirar el mobiliario interior. El castigo por hacerlo era la muerte (véase Números 4:20). Esto servía como testimonio del requisito de la santificación, antes de que pudiéramos ver las cosas más santas. Cuando un hombre que vive en la oscuridad es expuesto repentinamente a una luz intensa, no resulta iluminado; ¡será cegado! Por este motivo, debemos discernir cuándo exponer a los incrédulos, o a los nuevos creyentes, a las verdades más profundas del Señor. La carne no alimenta a los bebés; los ahoga.

La madera de acacia se asocia a menudo en las Escrituras con la naturaleza humana caída, debido a que es retorcida, nudosa y difícil de trabajar. En el atrio exterior del Tabernáculo de Moisés el mobiliario estaba hecho de madera de acacia recubierta de bronce, y era iluminado por la luz natural del sol. Esto declaraba un hecho: los hombres que simplemente entran al atrio exterior tienen por lo general su naturaleza pecaminosa «cubierta» y caminan más en la luz «natural».

Cuando entramos al Tabernáculo venimos al compartimiento llamado Lugar Santo. El mobiliario aquí también era hecho de madera de acacia, pero estaba recubierto de oro puro. El oro, por ser incorruptible, simboliza la naturaleza divina. La única luz en el Lugar Santo la suministraba el aceite de oliva quemado en un candelabro. El aceite de oliva era un símbolo de la unción del Espíritu Santo.

No hay luz natural en el Lugar Santo. Allí no podemos proceder con nuestra mente natural, sino que dependemos por completo del Espíritu Santo. En el Lugar Santísimo, el compartimiento más interno donde habitó el Señor mismo, el Arca de la Alianza era hecha de madera de acacia y recubierta con oro por dentro y por fuera. La luz provista en el Lugar Santísimo es la presencia misma del Señor. Vemos así que, cuanto más se aproxima uno a la gloria del Señor, más oro hay. Esto ilustra que somos transformados por la gloria a la naturaleza divina (véase 2 Corintios 3:18). A medida que nos acercamos a la gloria, la luz por la que caminamos cambia, pasando de ser natural, a la unción del Espíritu Santo, y luego, a la misma presencia del Señor.

«Porque nuestro Dios es fuego consumidor» (Hebreos 12:29). La madera de acacia se habría consumido, si hubiera permanecido expuesta al fuego de la gloria de Dios sin estar recubierta por el oro. Por nuestro propio bien, la santificación es necesaria, para ver al Señor y acercarnos a Él, no sea que acabemos consumidos (véase Hebreos 12:14).

Desafortunadamente, muchos tienen un concepto estrecho del Padre como si solo fuera el Dios enojado del Antiguo Testamento, que nos destruiría si Jesús no mediara y apaciguara su ira. No debemos olvidar que fue el Padre quien envió a su Hijo, porque **«...de tal manera amó Dios al mundo...»" (véase Juan 3:16).** El Padre nos ama y desea tanto tener comunión con nosotros que sometió a su propio Hijo a la tortura y a la muerte, para que podamos acercarnos a Él. Aun así, Dios es santo y Su santidad es un fuego consumidor. Por eso se requiere la santificación para verle. Si todavía somos madera, heno y paja, seremos consumidos por Su presencia (véase 1 Corintios 3:11-15).

Solo cuando lleguemos a permanecer más plenamente en Su Hijo, siendo recubiertos en forma progresiva por el oro de su naturaleza divina, podremos acercarnos más y más al Padre. Fue la crucifixión de Jesús lo que rasgó el velo que nos separaba del Padre. Es así como a nosotros, «crucificados con Cristo» y con su sangre purificadora aplicada a nuestra vida, se nos abre el camino para que entremos audazmente en la presencia del Padre, según el deseo de Su corazón.

El ministerio en el Atrio Exterior es para las personas. El ministerio en el Lugar Santo y en el Lugar Santísimo es para el Señor. Esto es lo que nos transforma. Sin este ministerio para el Señor, no seremos tan eficientes en nuestro ministerio del Atrio Exterior. Debemos portar la luz del Señor, pero no podemos llevar a las personas a esa luz, hasta que hayan sido santificadas. Ningún extraño puede participar de la Pascua del Señor, y aquellos que no hayan discernido correctamente el cuerpo, no deben participar del pan y del vino en la Cena del Señor.

Los tres niveles del ministerio

Así como hubo tres dimensiones en el ministerio del Tabernáculo, el ministerio de Jesús tuvo tres niveles básicos: la multitud, los doce y luego los tres. Él habló a las multitudes en parábolas y por medio de conceptos básicos (el Atrio Exterior). A los doce les reveló los misterios, y estos experimentaron la unción (el Lugar Santo). Solo los tres —Pedro, Santiago y Juan— tuvieron el privilegio de ver su gloria en el Monte de la Transfiguración (el Lugar Santísimo).

Los pastores con una orientación evangélica van a tener congregaciones enfocadas mayormente en el aspecto ministerial del Atrio Exterior. Los pastores dotados para la enseñanza tenderán servir en congregaciones que enfaticen el ministerio tipificado por el Lugar Santo. Las iglesias dirigidas por los profetas buscarán permanecer en el Lugar Santísimo. No obstante, las congregaciones debidamente equilibradas tendrán un ministerio en los tres niveles, como lo ejemplifican el Señor y el Tabernáculo.

Toda congregación y pastor necesitan tener una manera de alcanzar a los perdidos y un ministerio hacia los cristianos en todos los niveles de madurez. No hacerlo conduce a un desequilibrio y, con frecuencia, a cometer errores. Si no tenemos nuevos conversos vendrá el estancamiento. De no contar con reuniones dedicadas enteramente a adorar al Señor sin la distracción de la presión humana, las exigencias e incluso las necesidades, habrá superficialidad, y faltará unción y poder para el ministerio a las personas.

Resulta esencial admitir la importancia de proveer el ministerio para todos los niveles de madurez, pero debemos entender que está mal diferenciar y valorar a las personas según su nivel de madurez. El propósito de cada nivel de ministerio es preparar a las personas para el siguiente nivel, un reto superior. Si el ministerio funciona apropiadamente, todas las personas madurarán y entrarán a niveles más altos de experiencia, efectividad e intimidad con el Señor. Aquellos en el ministerio necesitan discernir el nivel de madurez de las personas, para poder servirles con mayor eficiencia, sin etiquetarlas como un determinado tipo de cristianos.

Algunos han adoptado esta comprensión de los niveles de madurez para distinguirse y promoverse como superiores, tratando a otros como inferiores. Es inevitable que esto ocurra. Como observó Pedro refiriéndose a las enseñanzas de Pablo, había algunas cosas en ellas difíciles de entender, que los ignorantes e inestables torcieron, tal como lo hicieron con el resto de las Escrituras (véase 2 Pedro 3:15-16). El orgullo en el corazón del hombre hará que incluso se valga de las Escrituras para alimentar su ego. Alguien con humildad genuina solo recibe con mayor sencillez y modestia los grandes elogios de Dios y del hombre.

La verdadera humildad no es un complejo de inferioridad; proviene de ver la majestuosidad del Señor. Tal como explicó el apóstol, carecen de entendimiento quienes se miden comparándose consigo mismos (o entre sí) (véase 2 Corintios 10:12). En el reino de Dios la autoridad y la posición existen para servir. El fiel y obediente ministerio de ayudas es más valorado por Dios, que el apóstol más notable que se considera superior a los demás.

La razón para la cizaña

Habrá cizaña que crezca entre el trigo de la Iglesia. Hasta el apóstol Pablo ordenó ancianos que demostraron ser lobos (véase Hechos 20:29-30). Jesús eligió a Judas y lo incluyó en el círculo íntimo. Aunque la cizaña entre nosotros pueda causar gran daño y confusión, en realidad cumple los propósitos del Señor. Todas las cosas obran para el bien de los que aman a Dios (véase Romanos 8:28). Tales trastornos casi siempre contribuyen a que nos volvamos más dependientes del Señor y menos dependientes de aquellos que apenas son carne y hueso.

¡Esto no quiere decir que debamos ordenar traidores a propósito, e incluir a falsos hermanos en nuestras asambleas! Pero podemos estar seguros de que la cizaña va a aparecer y que, no obstante, obrará para nuestro bien.

Hubo un gran énfasis en la «sumisión» dentro del cuerpo de Cristo durante las décadas de 1960 y 1970. Esta fue una palabra de Dios y solo Él sabe cuánto la necesitábamos, debido a la rebelión que surgió en el mundo. Pero desarrollamos rápidamente nuestras doctrinas sobre la sumisión y comenzamos a juzgar a los hombres según lo bien que se ajustaran a la doctrina, en lugar de buscar el fruto de la sumisión en su vida. Como resultado de ello, muchos ministros indómitos y rebeldes fueron soltados en la iglesia en virtud de su conformidad externa a la doctrina de la sumisión. Asimismo, algunos hombres y mujeres de Dios verdaderamente quebrantados y sumisos resultaron casi anulados del ministerio, porque no se conformaban con esta doctrina. La devastación causada por esta superficialidad ya es historia.

En los próximos años, se hará hincapié en la humildad. Esta es una palabra importante y oportuna, pero no incurramos en el mismo error que cometimos con la sumisión. El Señor resiste a los soberbios y da gracia a los humildes (véase Santiago 4:6), pero es mucho mejor cuando permitimos que Él lo haga. Debemos comenzar a conocernos unos a otros según el Espíritu y no según la carne.

Solo el Espíritu puede juzgar con precisión. Las apariencias casi siempre engañan. El rey Saúl parecía humilde; se dice sobre él que se creía poca cosa (véase 1 Samuel 15:17 NVI). David, de otra parte, pudo lucir arrogante e insolente reprendiendo a los ejércitos de Israel por su timidez, y afirmando que la propia armadura del rey no era lo suficientemente buena para él. Debemos superar la tendencia de seguir a la primera persona que aparece, solo porque su cabeza y hombros sobresalen del resto.

Aquellos a quienes juzgamos como cizaña según nuestro propio entendimiento bien podrían ser trigo, y viceversa. Por eso el Señor nos instruyó que permitiéramos crecer juntos al trigo y la cizaña hasta la cosecha. Mientras alcanzan su madurez, el trigo y la cizaña pueden parecerse tanto que resulta casi imposible distinguirlos. Ambos pueden ser arrogantes; ambos incluso pueden tener conceptos o enseñanzas falsos, o caer en pecado ocasionalmente. La diferencia solo será obvia cuando ambos maduren. Durante la cosecha, el trigo se inclinará, mientras que la cizaña permanecerá en posición erguida. El trigo se vuelve humilde cuando madura, pero a decir verdad los que son cizaña continuarán en su orgullo.

Tampoco olvidemos la gracia de Dios ni Su juicio. Algunos que son cizaña pueden arrepentirse y convertirse en trigo. Del mismo modo, algunos que son trigo caerán y se convertirán en piedras de tropiezo en medio de nosotros. Es verdad que «ningún extraño debe participar de la Pascua» (véase Éxodo 12:43), pero tengamos cuidado de cómo ponemos esto en práctica. Aquellos que no entran por la Puerta son obvios. Juzgar más allá de tal realidad es difícil, peligroso y puede conducir a errores graves.

Si andamos en la luz, permitiremos que la verdad permanezca en el punto de divina tensión entre los extremos y nos abstendremos de hacer de ello una fórmula, un principio o una doctrina inflexible. El fruto del árbol del conocimiento es el que exige que llevemos las paradojas de las Escrituras a sus conclusiones lógicas. Las paradojas están ahí para obligarnos a buscar la mente y sabiduría del Señor. Esto nos lleva a andar por el Espíritu, en lugar de hacerlo por principios o leyes. Comenzamos a participar del Árbol de la Vida, al resistir la compulsión de hacer fórmulas y permitir que la verdad descanse en el punto de tensión entre los éxtremos. El cristianismo no consiste en seguir un conjunto de reglas; es andar con Dios.

CAPÍTULO 18

LA VICTORIA

*Los israelitas hicieron según las instrucciones de Moisés, pues
pidieron a los egipcios objetos de plata, objetos de oro y ropa.
Y el Señor hizo que el pueblo se ganara el favor de los egipcios,
que les concedieron lo que pedían. Así despojaron a los egipcios
(Éxodo 12:35-36).*

Tras ser esclavo durante cuatrocientos años, el pueblo de Israel participó de la Pascua y se hizo más rico de lo que imaginó en sus sueños más osados. Cuando participamos de la verdadera Pascua, que es Cristo, se nos da el derecho de convertirnos en hijos de Dios, coherederos del mundo y todo lo que esto conlleva. Aun así, todas las riquezas del mundo no son nada comparadas con las riquezas espirituales que tenemos en Cristo. Pero está escrito: **«Cosas que ojo no vio, ni oído oyó, ni han entrado al corazón del hombre, son las cosas que Dios ha preparado para los que lo aman» (véase 1 Corintios 2:9).** En Cristo, verdaderamente, hemos heredado más riquezas de las que somos capaces de imaginar.

Israel salió de Egipto cargado de riquezas, pero la «bonificación» no fue llevada al bazar más cercano para ser gastada. ¡Dios los llevó al desierto donde era inviable gastar un solo siclo! Allí pudieron invertir sus riquezas en algo más valioso que cualquier cosa que el mundo pudiera venderles:

el Tabernáculo, una habitación para Dios, a fin de que Él pudiera morar entre ellos.

El cuerpo de Cristo recibe hoy en día una gran cantidad de enseñanzas acerca de las riquezas que tenemos en Él. Estas enseñanzas son oportunas. Por siglos la Iglesia se ha visto privada de la herencia que tiene en Cristo. Lamentablemente, dicho énfasis se ha dedicado con frecuencia a lo material, más que a lo eterno. Este es el engaño de los esclavos que un día se encuentran, dramáticamente, con que son reyes. Fuimos sacados de Egipto, pero en muchos sentidos Egipto aún no ha sido removido de nuestro corazón. Sin embargo, es alentador que muchas personas estén empezando a rechazar esta mentalidad y visualicen las incomparables riquezas en Cristo.

Bendito sea el Dios y Padre de nuestro Señor Jesucristo, que nos ha bendecido con toda bendición espiritual en los lugares celestiales en Cristo (Efesios 1:3).

Cuando comprendemos nuestras bendiciones espirituales en Cristo, las bendiciones materiales pierden su atractivo. Si alguien descubriera una veta de oro que pudiese satisfacer las necesidades del mundo entero para siempre, ¿continuaría buscando simples pepitas de oro? Tenemos aquella veta en la persona de nuestro Señor Jesús. ¿Por qué prestamos tanta atención a las cosas que van a desaparecer? Se debe a que apenas hemos descubierto algunas cosas sobre Él; no le hemos visto como *es* realmente.

Hay una larga lista de las grandes victorias de la fe en Hebreos 11 (conocido popularmente como «el capítulo de la fe»). Se trata de maravillosos testimonios de la fidelidad de Dios hacia aquellos que le invocan con fe. Aun en la actualidad se producen muchas liberaciones igualmente maravillosas. Pero rara vez se tiene en cuenta la última parte de este capítulo:

...Otros fueron torturados, no aceptando su liberación a fin de obtener una mejor resurrección.

Otros experimentaron insultos y azotes, y hasta cadenas y prisiones. Fueron apedreados, aserrados, tentados, muertos a espada. Anduvieron de aquí para allá cubiertos con pieles de ovejas y de cabras; destituidos, afligidos, maltratados (de los cuales el mundo no era digno), errantes por desiertos y montañas, por cuevas y cavernas de la tierra.

Y todos estos, habiendo obtenido aprobación por su fe, no recibieron la promesa... (véase Hebreos 11:35-40).

Estos que buscaban una «mejor resurrección» no apagaron el poder del fuego, no cerraron la boca de los leones, ¡y tampoco aceptaron su liberación! No vivieron en palacios; habitaron madrigueras y cuevas. El Señor Jesús mismo ni siquiera tuvo un lugar donde recostar la cabeza (véase Mateo 8:20). Cuando comencemos a ver las riquezas espirituales en Cristo, no nos importará dónde vivamos.

Una cueva tendrá mayor gloria que la estructura humana más espléndida si Jesús está en ella. Vivir en una cueva o un palacio hace poca diferencia si moramos en Él. Algunos piensan que es más espiritual vivir humildemente y otros que tener bienes en abundancia demuestra espiritualidad, pero ninguna de las dos cosas es verdad. Podemos caer en el error si tratamos de vivir una vida excesivamente modesta, a la que Dios no nos haya llamado, o viceversa. El asunto es estar en la voluntad del Señor y mantener una devoción firme a Él, bien sea que tengamos en abundancia o vivamos humildemente.

Caín fue el padre de los que tienen mentalidad terrenal; era «labrador de la tierra» (véase Génesis 4:2). Aquellos que todavía son carnales siempre buscarán las ganancias terrenales, sin importar la apariencia espiritual. El reino de nuestro Señor y Sus escogidos no es de este mundo. Quienes buscan Su reino son extraños y forasteros. No tienen aquí una ciudad duradera y no pretenden construir una, porque buscan la ciudad cuyo arquitecto y constructor es Dios.

No podemos obtener este corazón del forastero espiritual mediante la búsqueda. Aquellos que procuran ser «no terrenales» por su cuenta, creyendo que esto los hace espirituales, generalmente se convierten en tristes ejemplos de esterilidad espiritual. **«Pues tantas como sean las promesas de Dios, en Él todas son sí...» (véase 2 Corintios 1:20).** Las promesas de Dios son seguras, no inciertas. No entender eso es la razón por la que algunos de los hombres más mundanos y menos espirituales se encuentran en monasterios y comunidades espirituales apartadas. (Esto no implica que todos los que estén allí sean así).

El hombre verdaderamente espiritual es así porque su corazón está tan cautivado por las cosas del Espíritu, que simplemente no tiene tiempo ni interés en las cosas del mundo. Una vez hemos contemplado las riquezas espirituales que se encuentran en Cristo, volver a los intereses mundanos sería como pretender que un multimillonario solo barriera las calles a cambio de un salario mínimo. Aquellos que todavía aman los placeres mundanos simplemente no han recibido el amor del Padre (véase 1 Juan 2:15). Pablo explicó a los colosenses:

Si ustedes han muerto con Cristo a los principios elementales del mundo, ¿por qué, como si aún vivieran en el mundo, se someten a preceptos tales como:

«no manipules, no gustes, no toques», (todos los cuales se refieren a cosas destinadas a perecer con el uso), según los preceptos y enseñanzas de los hombres?

Tales cosas tienen a la verdad, la apariencia de sabiduría en una religión humana, en la humillación de sí mismo y en el trato severo del cuerpo, pero carecen de valor alguno contra los apetitos de la carne (Colosenses 2:20-23).

La verdadera espiritualidad no es solo un disgusto con el mundo y sus intereses; es un amor ferviente por las cosas del Espíritu y los intereses de nuestro Dios. Esto solo puede darse cuando los ojos de nuestro corazón son abiertos, de forma que las cosas del Espíritu resultan más reales que las que se perciben con los ojos de nuestra mente.

El meneo de la gavilla

El Señor instituyó lo que se conoce como «el meneo de la gavilla de las primicias» (véase Levítico 23: 9-15), a modo de *toque final* más adecuado para la extraordinaria Fiesta de la Pascua. Esta fiesta se celebraba a principios de la primavera, cuando apenas brotaban los primeros retoños de la cosecha venidera. La mañana siguiente al día de reposo de la Pascua, un buen manojo de la cosecha venidera se llevaba al sacerdote como primicia y este lo mecía ante el Señor. ¡Mientras se realizaba este ritual, posterior a la Pascua de la crucifixión de nuestro Señor, Jesús salía de su tumba estremeciendo todo!

Jesús fue la Gavilla de las primicias de la resurrección, mecida en ese mismo momento ante el Padre como evidencia de la gran cosecha venidera, dando perfecto cumplimiento a esta figura que lo anunciaba.

Resulta interesante que las Escrituras se concentren más en la elección que hace Abraham de un lugar para sepultar a su familia, que en temas tan importantes como el nuevo nacimiento o el orden de la iglesia. Isaac y Jacob insistieron en ser sepultados allí y José hizo jurar a los israelitas que sacarían sus huesos de Egipto para trasladarlos al mismo lugar. Es un gran enigma por qué los patriarcas dieron tanta importancia al lugar donde iban a ser enterrados, hasta que leemos Mateo 27:50-53:

Entonces Jesús, clamando otra vez a gran voz, exhaló el espíritu.

En ese momento el velo del templo se rasgó en dos, de arriba abajo, y la tierra tembló y las rocas se partieron; y los sepulcros se abrieron, y los cuerpos de muchos santos que habían dormido resucitaron; y saliendo de los sepulcros, después de la resurrección de Jesús, entraron en la santa ciudad y se aparecieron a muchos.

El sepulcro que Abraham escogió para su familia estaba justo a las afueras de Jerusalén. Como el Señor mismo lo confirmó, Abraham fue un profeta que vio venir su resurrección de manera anticipada: **«Abraham, el padre de ustedes, se regocijó esperando ver Mi día; y lo vio y se alegró» (Juan 8:56).** Abraham y los miembros de su familia que tuvieron visión, previeron cómo participar de la primera resurrección.

A los patriarcas no solo les preocupaba dónde los sepultaran, sino dónde resucitarían. Aquellos que tienen visión también prevén cómo serán sepultados *y cómo se levantarán.* Si fuimos sepultados con Cristo, resucitaremos con Él (véase Romanos 6:5). Todo cristiano está llamado a ser mártir, ¡todos los días! Nos aprovisionamos para la resurrección todos los días, al entregar nuestra vida y ser sepultados con Él. En este sentido, uno de los hombres con mayor visión de todos los tiempos dio a la Iglesia lo que puede ser su exhortación más importante:

Porque nosotros somos la verdadera circuncisión, que adoramos en el Espíritu de Dios y nos gloriamos en Cristo Jesús, no poniendo la confianza en la carne (Filipenses 3:3).

Y aún más, yo estimo como pérdida todas las cosas en vista del incomparable valor de conocer a Cristo Jesús, mi Señor. Por Él lo he perdido todo, y lo considero como basura a fin de ganar a Cristo, y ser hallado en Él, no teniendo mi propia justicia derivada de la ley, sino la que es por la fe en Cristo, la justicia que procede de Dios sobre la base de la fe, y conocerlo a Él, el poder de Su resurrección y la participación en Sus padecimientos, llegando a ser como Él en Su muerte, a fin de llegar a la resurrección de entre los muertos.

No es que ya lo haya alcanzado o que ya haya llegado a ser perfecto, sino que sigo adelante, a fin de poder alcanzar aquello para lo cual también fui alcanzado por Cristo Jesús.

Hermanos, yo mismo no considero haberlo ya alcanzado. Pero una cosa hago: olvidando lo que queda atrás y extendiéndome a lo que está delante, prosigo hacia la meta para obtener el premio del supremo llamamiento de Dios en Cristo Jesús (Filipenses 3:8-14).

La declaración de Pablo: **«una cosa hago»**, refleja la singularidad de su mente acerca de este tema. Cuando nuestra perspectiva o visión sea igual de singular, todo nuestro cuerpo estará lleno de luz. Solo entonces conoceremos la verdadera vida y el poder de la resurrección.